AtV

Gunter Böhnke wurde 1943 in Dresden geboren, studierte Anglistik und Germanistik und war 1966 Mitbegründer des legendären Leipziger Kabaretts »academixer«. Seit 1988 spielt er im Duo mit Bernd-Lutz Lange. Mit diesem gab er Gastspiele im In- und Ausland, verteilte in der ARD dreizehn Mal den »Nachschlag« und zelebrierte für den mdr »Den Sachsen von Kopf bis Fuß«. Sechs Folgen der Serie »Leute gibt's« flimmerten im Herbst 1998 über unsere Bildschirme, neun weitere folgten im Frühjahr 2001.

Stalin machte die Jagd auf Kartoffelkäfer zur Staatsaktion, besiegen konnte er die Tierchen aber nicht. Sein Kampfgefährte Ulbricht ließ die Leipziger Universitätskirche sprengen und die Dresdner »Hellerschenke« abreißen, der Sozialismus ging trotzdem in die Knie ... Augenzwinkernd erzählt Gunter Böhnke von einer sächsischen Kindheit und von seinen Reisen rund um den Globus. Ob es ihn ans Verlorene Wässerchen oder die sibirische Taiga, in die australische Wüste oder an den Pazifik verschlägt – Böhnke gibt sich als reisender Gemütsmensch mit Pfiff.

Gunter Böhnke

Ein Sachse beschnarcht sich die Welt

Aufbau Taschenbuch Verlag

ISBN 3-7466-1753-7

1. Auflage 2001
Aufbau Taschenbuch Verlag GmbH, Berlin
© Gustav Kiepenheuer Verlag GmbH, Leipzig 1998
Einbandgestaltung Torsten Lemme
unter Verwendung eines Fotos von Prof. Helfried Strauß
Druck Elsnerdruck Berlin
Printed in Germany

www.aufbau-taschenbuch.de

Inhalt

Der Sachse 7
Sächsisch light 12
Die Promenaden im Hauptbahnhof findet jeder gut! 15
Übersetzer setzen über 20
Menschenkenntnis 23
Die Räuberhöhle am Verlorenen Wässerchen 25
Das Geheimnis der »Hellerschenke« 28
Stalin hat die Kartoffelkäfer nicht besiegt 31
Kein Nachruf! 34
Vom Segen des polytechnischen Unterrichts 36
Ein Paß ist keine Garantie für freie Fahrt 39
Dracula in der Cabana 45
1199 in der Steppe 50
1300 Kilometer im Sattel 57
Von Orléans bis Saint Malo 61
Auf den Spuren der Bibel 65
Woher kommen die Jaffa-Orangen? 69
Sabbat 72
Tucholsky in Tel Aviv 74
Cricket und Solidarität 76
Highgate Cemetery 81
Von Klein-Paris nach Little Venice 84
Shakespeare und kein Ende 87
London: Lucky Flash 92
East End 97

Der Schotte trägt doch keinen Rock! 102
Das Regencape als Lebensretter 106
Kronprinz Wilhelm auf dem Nachttopf 110
Skara Brae – älter als die Pyramiden 114
Eine neue Welt 117
Hollywood, L. A. 122
Bitterfeld im Tal des Todes 124
Landung in Australien 128
Tip für Touristen oder Warum man als Weltreisender immer eine Schachtel Riesaer Zündhölzer mit sich führen sollte 133
Schwarz-Rot-Gelb 135
Weißer Mann im Loch 138
Er hat Buckleys Chancen 141
Ein Krokodil frißt keine harten Eier 143
Der erste Europäer im Outback 146
Auf dem Traumpfad 148
Nenn mich Betsy 153
Wo kommt denn das Opossum her? 155

Der Sachse

Mir Saggsn hamm immr ä bissel Bäch ... Historisch betrachtet standen wir meist auf der falschen Seite. Im Siebenjährigen Krieg und später mit Napoleon zogen wir gegen die Preußen. Nach dem Zweiten Weltkrieg waren wir erst unter den Amis, dann bei den Russen. Und der ostdeutsche Stalin-Vasall Ulbricht – er war ein Leipziger!

Das gleichen wir aber geschickt aus durch eine Pfiffigkeit, die nicht zuletzt in unserer Sprache zum Ausdruck kommt. Von den Franzosen haben wir Wörter entliehen, die erst im Sächsischen ihren wahren Wohlklang erreichen:

Wär an der Dähde is, der muß ooch sein Dähds anstreng. Denn wenn erschdmal de »Hudwolleh« in Rahsche gommt, da haddr de längsde Zeit das Bree gehabt! Wennr fischelant is, machder geene Fissemadenzchn. Im Hochdeutschen hieße das etwa:

Wer die Macht hat, muß auch seinen Kopf anstrengen. Denn wenn erst einmal die sozial Schwachen in Wut geraten, dann hat er nicht mehr die Vorherrschaft! Wenn er geschickt ist, macht er keinen Unsinn.

Drei wichtige Eigenschaften zeichnen den Sachsen vor allen anderen Stämmen in deutschen Landen aus: Er ist helle, heeflich und heemdiggsch! Daß er helle ist, wird niemand bezweifeln. Die Höflichkeit des Sachsen ist quasi seine zweite Natur. Steigen Sie mal irgendwo im Sachsenland aus dem Zug und fragen Sie nach einer Straße. Nicht nur, daß Ihnen mindestens drei Einheimische den Weg erklären wollen – gleichzeitig, mit freundlichen Erläuterungen nicht sparend –, sie bieten sich sofort als Begleiter an. Während Sie vom Bahnhof zum Markt gehen, erzählen die Ihnen die eigene Lebensgeschichte und die naher Verwandter: »Wissen Sie, meine Schwiegertochter hat heute Geburtstag. Ich habe drei Enkel. Und da habe ich heute früh eine Bäbe gebacken ...«

Der Sachse neigt zum Schwatzen.

Daß der Sachse wirklich heimtückisch sei, können nur Nichtsachsen behaupten, die die Mischung aus Understatement, Mitgefühl für andere und verborgenem Selbstbewußtsein, wie auch die latente Selbstironie, nicht verkraften.

Erich Kästner aus Dresden hat mit tiefer Zuneigung den gemütlichen Sachsenmenschen beschrieben:

> Wir sinn nich so gemiedlich, wie wir schbrechen.
> Wir hamm, wenns sein muß, Dinnamit im Bluhd.
> Da kennse Gifd droff nähm, daß wir uns rächn!
> Na, Ihr Gesichde merkd sich ja ganz guhd.
> Wir wärn Ihn' schon noch mal de Knochen brechn.
> Nur Muhd!

Mut haben wir Sachsen immer gehabt. Wenn es auch manchmal der Mut der Verzweiflung war. Denn wie sonst hätte ein Mann aus Sachsen den Befehl über die Deutsche Seekriegsflotte übernehmen können? So verwegen konnte nur Karl Friedrich Bromme aus Anger-Crottendorf sein – zumindest bis die Flotte nach 1852 versteigert wurde. Auch der berühmte Seemann Kuddeldaddeldu alias Joachim Ringelnatz kam aus Wurzen.

Der unbändige Drang zum Meer scheint im sächsischen Wesen verankert zu sein seit der Zeit, als die Sachsen noch an der Nordseeküste wohnten. Sogar ihre sprichwörtliche Reiselust bewiesen sie schon vor 1 500 Jahren, als Sachsen mit Angeln und Jüten nach Britannien übersetzten. Die Angelsachsen und die Niedersachsen akzeptieren wir darum noch heute als unsere Verwandten.

Die Obersachsen sind wir, das ist klar. In der DDR waren die Sachsen ja auch in den meisten Ämtern »oben«. Und nicht umsonst bildeten die von Goethe bewunderte obersächsische Mundart und die Meißner Kanzleisprache die Grundlage für die heutige deutsche Sprache. Vom Obersächsischen zum Hochdeutschen ist es eben nur ein Schritt. Luther hat schon gewußt, wem er aufs Maul schaut.

Als Staatsbürger ist der Sachse sehr kulant. Ehe der aufmuckt, muß wirklich was passieren. Aber wenn ihn mal der Senf packt, kann er im Zorne fürchterlich werden – könnte ich mir vorstellen. Versuchen Sie mal, einen Sachsen zu beleidigen. Dazu müssen Sie viel Zeit mitbringen. Doch wenn Ihre Bemerkungen ihn getroffen haben, dann ... dann geht der Sachse einfach weg. Wandert aus nach Amerika. Oder nach Kötzschenbroda. Oder nach Übigau. Kennen Sie nicht?

Nu, gugge! Übigau liegt bei Dresden. Dort wurde die erste deutsche Lokomotive gebaut, die »Saxonia«. Der Sachse ist nämlich ausgesprochen erfinderisch. Seit 248 007 Jahren bereits. So lange hat er nicht nur schon hier gewohnt, er hat sogar für uns Fundstücke hinterlassen. Ein wenig später hat er sich auch künstlerisch betätigt, so vor etwa 5 000 Jahren. Denn wer kennt sie nicht, die kleine hocherotische Plastik, die als »Venus von Zauschwitz« in die Kulturgeschichte eingegangen ist? Die Attraktivität der sächsischen Frau ist seitdem unbestritten und inzwischen schon sprichwörtlich geworden: »In Sachsen, wo die schönen Mädchen auf den Bäumen wachsen.«

Die schöne Sächsin kann ihre körperlichen Reize noch erhöhen bzw. vertiefen, indem sie den Unterkiefer vorschiebt und die Schbrahche rausschdröhm läßt. Welch melodischer Zauber liegt auf einer sächsischen Zunge! Kaum will man glauben, daß die deutsche Sprache harte Konsonanten besitzt. Die Diphthonge schmelzen im Ohr. Und selbst vokalarme Wörter schwingen melodisch aus: »Wrummdn noch Soggsn mochn?« Welche Frage! Weil die Sachsen alles mit »machen« machen.

Der Sachse macht nicht nur den Mund auf, er macht naus ins Griene, macht heeme, macht de Bäddn, macht Schgandahl, macht sich de Haare, macht Kasse – und wenn Sie zu langsam machen, dann sagt er: »Mache hin!« Falls der Sachse zufällig Politiker oder König ist – obwohl er sich zum Friseur oder Theaterdirektor viel besser eignet –, und das Regieren gefällt ihm nicht mehr, so sagt er wie der letzte sächsische König 1918: »Machd eiern Dregg alleene.« Deshalb haben wir jetzt die Verpackungsindustrie.

Beim Einkauf ist der Sachse wählerisch. Er kann sich schwer entscheiden. Wenn er was Schnuggliches gefunden und schweren Herzens bezahlt hat, dann kommt er nach Hause, merkt, daß es ihm doch nicht gefällt, und tauscht es wieder um. Nur beim Erwerb von Ehepartnern ist das nicht so einfach.

Im Restaurant wird der Sachse wegen der ihm eigenen Bescheidenheit oft als letzter bedient. Er murrt darob aber nicht, sondern kann sich länger aufs Essen freuen.

Wenn das Bestellte endlich kommt, bemerkt er häufig, daß er eigentlich lieber das gewollt hätte, was die Familie am Nachbartisch ißt.

Obwohl als »Kaffeesachse« bekannt, könnte er genausogut »Kartoffelsachse« heißen, denn in Sachsen werden mehr Kartoffeln gegessen, als Kaffee getrunken wird. Daß der Sachse auch Kartoffeln in den Kaffee »ditscht«, das heißt eintaucht, ist eine Legende. Nachweislich benutzt er dazu nur Kuchen, Kekse, Brötchen, Brot, Filinchen, Weihnachtsstollen und zur Not auch Bumbrniggl. In die Tasse eines anderen wird übrigens nur geditscht, wenn die eigene leer ist – sonst nie!

Sächsisch light

Der Sachse beschnarcht sich gern die Welt – das ist hinlänglich bekannt und unbestritten. Zeitweise war das zwar nur in beschränktem Maße möglich, doch dafür relativ unproblematisch, zumindest was den Gebrauch fremder Sprachen betraf. Wer von den Eingeborenen in der Tschechoslowakei oder Bulgarien sächsisch breites Touristen-Deutsch nicht verstand, war selbst schuld.

Aber wie verhält sich der fischelante Sachse heute in einem schottischen Bergdorf, in einer französischen Kleinstadt an der Loire oder gar mitten in Florenz? Da wird deutsch eventuell noch in Verbindung mit dem Wort »D-Mark« verstanden, darüber hinaus ist Ebbe.

Zum Glück gibt es diese streichholzschachtelgroßen Miniwörterbücher und Reisesprachführer. Selbst Tonband- und Videokassetten stehen als Hilfsmittel bereit. Doch welcher Arbeitnehmer in Sachsen – so er noch einer ist – bringt schon die Zeit und die Geduld auf, 176 Seiten durchzuarbeiten, um am Ende in einem Gasthof in der Toscana die Speisekarte doch nicht entziffern zu können.

Wie die Erfahrung zeigt, ist es immer besser, sich auf sein sächsisches Sprachgefühl zu verlassen. Jeder Sachse denkt, wenn er in einem englischen Pub das Wort *ale* (sprich: eel) hört, sofort an die Redewendung: »Das gehd dir runder wie Eel.« Es muß sich also um etwas

Angenehmes handeln. Und dem ist auch so. In Italien sollte man das Verkehrsschild *Strada dissolata* einfach sächsisch aussprechen, und schon kommt man der Warnung ganz nahe, noch ehe das rechte Vorderrad in einem abgrundtiefen Schlagloch verschwinden kann: Es muß sich um eine dessohlahde Schdrahse handeln, das liegt doch auf der Hand!

Will man in Frankreich vor einem der zahlreichen Schlösser an der Loire parken, kann man unter dem Parkverbotsschild häufig das Wort *rappel* finden. Völlig klar, wer hier parkt, hat einen Rabbel.

Der Sachse ist also schon durch die Kenntnis seiner Muttersprache gegen peinliche Überraschungen weitgehend gefeit. Er wird in Italien seine Haut retten können, wenn er liest: *Pericolo di Morte!* Hier wird offenbar gemordet, also Vorsicht!

… Und in Dänemark gibt es eine Sprache, die klingt wie eine Mischung aus Sächsisch und Plattdeutsch. Sie besitzt einen sächsischen Buchstaben: a (das offene »o« in Mark!). Und sie sagt, wie's ist: *knallert* heißt Moped oder Mofa. *Gammel* heißt alt. Das kennen wir auch – wenn etwas vergammelt ist ... Allerdings ist *Den gamle Smedie* keine vergammelte Schmedde, wie wir zu Hause ein klappriges Fahrrad nennen, sondern eine alte Schmiede. *Bil* ist ein Auto und *lig* eine Leiche. Ein Leichenauto ist aber deswegen noch lange nicht billig. So etwas gefällt dem Sachsen.

Natürlich kann unsereiner im Ausland auch aufs Glatteis geraten. Aber immer nur dann, wenn wir dem Hochdeutschen vertrauen.

Frankreich-Reisende sollten sich hüten, wenn sie versuchen, Fremdwörter, die französisch klingen, zu benutzen. Wenn der gebildete Neubundesbürger im Gespräch betonen möchte, daß er Akademiker ist und von sich als *académicien* spricht – beim Sachsen kaum vorstellbar –, wird er sich wundern, mit welcher Hochachtung man ihn fortan behandelt. Er hat sich soeben als Akademiemitglied präsentiert! Und sucht der Sachse in Paris ein *Quartier*, wird man nicht begreifen, wieso er gleich ein ganzes Stadtviertel für eine Nacht mieten möchte.

Und sollten Sie, lieber sächsischer England-Urlauber, von Ihrer Quartiermutter zu Weihnachten eine Karte bekommen, auf der steht: *With love, Peggy!*, bilden Sie sich nichts ein. Das bedeutet auch nur: Mit freundlichen Grüßen!

Die Promenaden im Hauptbahnhof findet jeder gut!

Das behaupten jedenfalls die Centermanager der PROMENADEN.

Natürlich *findet* jeder die Promenaden gut, aber ob sie auch jeder *gut* findet?

Meine Beziehung zum Bahnhof und zum Deutschen Eisenbahnwesen insgesamt ist zugegebenermaßen nicht ganz gewöhnlich. Meine Mutter ist in Übigau bei Dresden, wo die erste deutsche Lokomotive gebaut wurde, zur Schule gegangen. Der Urgroßvater meiner Frau war Königlich-Sächsischer Zugbegleiter. (Er soll übrigens dem König so ähnlich gesehen haben, daß der ihn manchmal als Double bestellte.) Und ich selbst durfte zum 100. Jubelfeste der Deutschen Eisenbahnergewerkschaft einen ostlastigen Streckenläufer geben.

Aber zurück zu den Promenaden. Verfehlen kann man sie nicht, wenn man – aus welcher Richtung auch immer herbeieilend – einen der 448 Züge erreichen will, die zwischen 0.07 Uhr und 23.53 Uhr Leipzig verlassen. Kommt man von der Seite Willy-Brandt-Platz, so wird man durch den Fußgängertunnel von der Nikolaistraße direkt hineingestrudelt aufs 1. Promenadendeck, das Untergeschoß. Daß man sich in einem Bahnhof befindet, vermutet man natürlich nicht. Keine Fahrkartenschalter, keine Anzeigetafeln, keine Zugansage. Dafür gibt es ab und an Durchsagen, die einem ob ihrer Dezibelzahl schon mal die Ditsch-Brezel aus der Hand fallen lassen: »Der Fahrer des PKW HNA-OP 3413 wird aufgefordert, sein Fahrzeug umgehend von seinem jetzigen Standort zu beseitigen!«

Danach wird aber keiner weiter aufgefordert, jemanden zu beseitigen. Da bin ich ganz froh, denn ich bin gerade dabei, die Shop-Assistentin des »Route 66«-Imbisses, wo es American Drinks und American Food gibt, mit der Frage zu nerven, was »Route 66« heißt.

»Muß ich Ihnen das sagen?« kommt prompt die Gegenfrage. In einem Frage-und-Antwort-Spiel einigen wir uns darauf, daß es sich um »so 'ne Straße« handelt, die als berühmteste amerikanische Ost-West-Verbindung von Chicago nach Los Angeles führt. »Jedenfalls ist das hier so was wie McDonald's – aber viel besser!« Damit gebe ich mich zufrieden und trotte mit zwei freundlich überreichten Testtickets für einen Classic Hot Dog und eine Java-Kaffee-Probe weiter.

Ein Fuchs ist der Geschäftsmann aus Fuchshain. Ja, es gibt hier doch Ladenbesitzer aus dem Osten! Sein Snackpoint – das Wort ist von mir – heißt »pfiff'n bread«. Man hätte ihn auch »Brot mit Pfiff« nennen können. Aber das klänge nicht *trendy*. Dabei hat das Angebot wirklich Pfiff. Man kann zwischen Schwarzbroten mit 23 unterschiedlichen Aufstrichen (Ei-, Quark- und Frischkäsebasis) wählen. Dazu gibt es einen Pfiff Bier. Ein Extra-Glas mußte dafür hergestellt werden, denn ein Pfiff enthält in Österreich 0,125 l oder »ein Achtel«. Das deutsche Schankmaß schreibt aber 0,1 l vor: So ein kleines Bier habe ich noch nie getrunken!

Natürlich gibt es nicht nur »Freßbuden« auf den drei Promenadendecks. Viel Glanz, viel Eleganz, ganz glanzlos kaum etwas – das ist schon eine Flaniermeile, die zieht. Am Wochenende kommen Neugierige und Kaufwillige auch Monate nach der Eröffnung noch invasionsartig nach Leipzig. Die Parkhäuser sind voll von Autos mit regionalen und überregionalen Kennzeichen. Mit dem Zug kommen aber leider nur wenige zum Einkaufen ...

Vielleicht sollte man sich von dem Gedanken trennen, die Promenaden hätten etwas mit unserem Bahnhof zu tun. Es ist eben einfach ein modernes Einkaufszentrum, wie man es heute in Europa von Paris bis Glasgow findet. Zufällig in einem großartigen historischen Bahnhofsgebäude untergebracht. Der imposante Querbahnsteig – in diesen Dimensionen einmalig in Europa – ist als solcher von seiner Funktion befreit. Die Uhren über den Ausgängen zur Breitscheid- und zur Brandenburger Straße sind entfallen: Dem Reisenden schlägt keine Stunde!

Aber kehren wir auf das dritte Deck, das 1. Obergeschoß, zurück. Verläßt man den Bahnsteig, so zeigt ein Pfeil nach links und weist den Weg zum Bahnsteig 26. Den gibt es ebensowenig wie die Bahnsteige 1, 2 und 25. Dafür gibt es aber die Deutsche-Bahn-Lounge im »Preußischen Wartesaal«, getrennt nach First Class und Plebs. Der einfache, der normale Mensch darf entspannen auf Holzbänken, die aus dem Reich der Riesen stammen: die Rückenlehne endet etwa zwei Meter über dem Erdboden. Der erstklassige Mensch kann – wie es ihm zusteht – im komfortablen Ruhesessel Platz nehmen, am Arbeitsplatz mit Laptop-Anschluß den aktuellen Dax verfolgen oder sich vom Service-Team am Platz bedienen lassen. Sollten Sie als Leipziger nicht im Besitz des First Class Tickets sein, sich aber auch »mal gerne verwöhnen lassen« wollen, so können Sie für eine Eintrittsgebühr von DM 15,00 die Bequemlichkeiten genießen.

Ein paar Schritte weiter auf dem Deck: »cut and go« – kein Wurstladen, wo man sich selbst eine Scheibe abschneiden und dann gehen kann, sondern die erste Ost-Filiale eines der sechs besten Friseure der Welt, des Herrn Ochs aus Frankfurt. Der Clou des Ladens: Man darf sich nach dem Schneiden selbst die Haare fönen!

Schön ist, daß wir alle in der Schule Englisch hatten. Denn sonst wäre man in den Promenaden verloren: »Fashion Point« und »optic shop«, »Cool Things« und »Mc Clean«. »Come change & go« ist keine Wechselstube, sondern ein Uhrenladen, in dem man sich die Batterie wechseln läßt. Und wenn Sie sich schmutzig fühlen, dann gehen Sie zum »Cleaning Point«. Da können Sie sich für DM 1,50 die Hände waschen – danach! Aber auch Hochdeutsches darf nicht fehlen: »frisch Back Das Café«. Du verstehen?

Dann – endlich ein ursächsisches Geschäft: Ditsch! Und es gibt auch alles, was der Sachse zum Ditschen braucht, von der Laugenbrezel bis zur Schlemmerzunge. Es handelt sich um eine der 109 Agenturen des Peter-Ditsch-Laugenbrezelimperiums aus Mainz, das nach dem »Tankstellen-Modell« mit Pächtern betrieben wird. Die Brezeln schmecken trotzdem!

Ein Rentner-Ehepaar macht Pause auf einer Holzbank ohne Lehne am Wasserspiel, aus dem mit spielerischer Leichtigkeit der gläserne Fahrstuhl nach oben gleitet und den Querbahnsteig durchbricht. Sie waren gerade bei ALDI: »Eine Flasche italienischer Perlwein für 1,99.« Nein, es sei schon schön hier, nur zum richtig Einkaufen sei es doch zu teuer. Daß man bei »Stuff Weine und mehr« für schlappe 50 Mark eine Flasche schottischen Whisky haben kann, den es in Leipzig noch nie gab, löst bei beiden Heiterkeit aus.

Übrigens werden alle Zugänge zu den Promenaden bewacht – von Geldautomaten. Ansonsten habe ich nur eine Doppelstreife der Polizei gesehen, die darüber diskutierte, ob »La Maison de Lucille« oder »Le Cro Bag« das typische Klein-Pariser Lebensgefühl repräsentierten.

In »Levante's Grill«, wo türkische, arabische und griechische Gerichte angeboten werden, hängt ein bräunliches Foto, das eine alte türkische Tee- und Kaffeestube zeigt. Es scheint aus einer anderen Welt zu stammen …

Beim Friseur »essanelle« wurde mir versichert: »Wir machen auch aus wenig Haar etwas!« Das ist natürlich keine Kunst, wenn man Kunsthaar einflicht. Außerdem betreibt »essanelle« 380 Filialen in Deutschland – da fällt ja ganz schön was ab!

Trotz der vielen kaufwilligen Promenadenbesucher arbeitet eine Institution weiterhin unauffällig, aber wirksam auf dem Bahnhof: die evangelische Bahnhofsmission. Sie erfreut sich regen Zuspruchs.

Als ich den Bahnhof verlasse, sucht ein abgerissener älterer Mann in einem Aschenbecher nach Kippen.

Übersetzer setzen über

Es ist schon viel geschrieben und noch mehr geredet worden vom Drahtseilakt des Übersetzens, vom Wagnis, die Literatur aus einer fremden Sprache in die eigene herüberzuholen. Ob es Luthers *Bibel* ist oder der *Ulysses* von James Joyce, *Lamprières Wörterbuch* von Norfolk oder Federico García Lorcas Gesamtwerk, es gab und gibt immer wieder Diskussionen über die »Gültigkeit« der deutschen Fassungen. Meist bleiben die Kontroversen auf Fachkreise beschränkt, und nur selten stehen diejenigen im Scheinwerferlicht, denen wir 80 Prozent der Bücher in deutscher Sprache verdanken, die wir lesen.

Doch die im verborgenen Schaffenden neigen nicht zur Klage, sondern sie freuen sich über die indirekte Anerkennung, wenn aus fremden Sprachen übertragene Bücher wie deutsche gelesen werden. Das ist schon ein großes Glück. Glücklich sind die täglich zwischen Wörterbüchern und Lexika hockenden Übersetzer aber auch, wenn sie im Kreise Gleichgesinnter hinausziehen können in die Natur.

So war es an einem strahlenden Junitag des vergangenen Jahres, als die FÄHRE, der Verein zur Förderung literarischer Übersetzung in Sachsen, hinausfuhr vor die Tore Leipzigs, um auf der Mulde das Übersetzen im doppelten Sinne des Wortes zu praktizieren.

Es begann mit Gedichten des Engländers William

Blake, Zeitgenosse Goethes, Dichter und Kupferstecher, der zu seiner Zeit als genial und verrückt galt. Das war unser Mann! Außerdem konnte man seine Verse wunderschön von der Fähre aus der Muldenmitte zu beiden Ufern *hinüberblähken*. Über den Fluß und durch den Wald schallten die Gedichtzeilen in englisch bis hin zur Klosterruine von Nimbschen, wo dereinst Katharina von Bora wirkte, die später Luthers Frau wurde. Und vom anderen Ufer, vom Fährhaus, wo Bärbel Müller fast dreißig Jahre als Fährfrau lebte, hallte das Deutsche zurück: »*Sound the Flute!* ... Flöte spiel! ... *Now it's mute* ... Nun ist's still ... *Birds delight Day and Night* ... Vögel wacht Tag und Nacht ... *Merrily, to welcome in the Year* ... fröhlich das Jahr zu begrüßen.«

Aber nicht nur Übersetzungen wetteiferten beim Übersetzen mit dem Gesang der Vögel, auch Originale brausten chorisch übers Wasser. Da wogte der *Drunken Sailor* über das *Slawnoje Morje*, den *Swjaschtschenny Baikal*, und das *Darling Clementine* fuhr als *Bonnie over the Ocean*, bis wir das Kreuzen der Mulde mit *Good Night Ladies* beendeten, weil in der stromab gelegenen »Schiffsmühle« Kaffee und Kuchen warteten.

Nach einem Spaziergang durch die Muldenaue erklommen wir den Aussichtsturm hoch über dem Ufer und beendeten unseren FÄHREtag später in der Denkmalsschmiede Höfgen, einem schon zu DDR-Zeiten von einem Leipziger Physiker wiederaufgebauten Bauernhof mit Schmiede. Heute können Maler und Dichter aus Sachsen und dem Rest der Welt – von Neuseeland bis Afrika – in den Gebäuden wohnen und arbeiten.

Eine Ausstellung auf dem Hof der Schmiede lud zur Besichtigung ein. Dort standen 50 etwa einen Meter große, weibliche Figuren mit fast identischen Körpern;

sie unterschieden sich durch die Köpfe. Die Künstlerin nannte ihre Ausstellung »Frauen DE FORMATION«. Jede Figur hatte einen Namen: Päpstin, Schuppenflechte, EEG, Die Rättin, Geklont, Himmlischer Frieden ...

Das Frauenbild war unharmonisch, verzerrt, zum Teil grotesk. Aus immer gleichen Körpern wuchsen Mehrfachköpfe, Maschinenteile, traumatische Mißbildungen. Die Künstlerin hatte ihre Sicht des Frauenkörpers in eine sehr subjektive Form gebracht.

Dem Übersetzer bleibt diese Subjektivität verwehrt. Er muß dem Original unbedingt dienen und sich selbst verleugnen. Sein schöpferischer Anteil besteht in der Handhabung der Muttersprache, dem Streben nach der Annäherung ans Original, die nie zur Identität führen kann.

Der Fährmann erschließt mit den Büchern, die er übersetzt, dem Leser neue Welten. Die Fährfrau Bärbel Müller formulierte es auf ihre Art: »Ein Leben an der Kette.«

Menschenkenntnis

Neulich war ich in Freyburg, an der Unstrut. Am Fuß der Neuenburg, die ich als Ruine in Erinnerung hatte und die jetzt exklusives Tagungs- und Konzertambiente bietet, liegt diese »Perle der sächsischen Toscana« mit ihrer tausendjährigen Weinbautradition.

Ich war mit dem Auto unterwegs. Das Gespräch mit meinem Kollegen auf der Rückfahrt drehte sich um Unstrutwein, einen traumhaften Weinkeller, der durch den Mut eines Wirtes und eines Denkmalschützers gerettet worden war, und den Elan einer Lehrerin, die dort das Erbe ihres Großvaters angetreten hat und neben dem Keller noch ein Hotel baut. Wir waren fast ein wenig stolz, wie unsere Landsleute im fortgeschrittenen Alter noch Marktstrategien und Betriebswirtschaft beherrschen lernen. Das Erfolgsrezept lautete: »Man muß sich eben ein wenig mit den Menschen auskennen!«

Kurz darauf war ich wieder in Freyburg. Diesmal an der (oder dem?) Dreisam, die seit dem Mittelalter neben anderen »Bächle« die Stadt durchquert. Und ich fand es bestätigt: ein Ort mit südländischem Flair. Weinstuben, Cafés, Studenten und Studentinnen ... Mitten in der Stadt ein Weinberg mit einem beeindruckenden Pseudo-Tudor-Schloß.

Zurück fuhr ich allein, mit der Eisenbahn, und führte keine Gespräche. Aber auf der anderen Seite des Ganges saßen zwei ältere Herren – wohlsituiert. Sie unterhielten sich, wobei der eine sprach, während der andere kaum über ein »Aha!« oder »Ja, so?« hinauskam. Der Redner war ein pensionierter Oberstudienrat. Man hätte es auch ohne sein lauthals vorgetragenes Bekenntnis vermutet, denn zu penetrant waren das Pädagogisieren, die Besserwisserei und die Selbstbespiegelung des ehemaligen Dresdners, dem der Dialekt gänzlich abhanden gekommen und nur noch die sächsische Geschwätzigkeit geblieben war.

Immer wieder betonte er seine Menschenkenntnis, die bei ihm als Oberpauker Erstaunliches gezeitigt hatte: »Also, mir kann niemand was vormachen, ich kenn doch meine Pappenheimer. Der Iwan, der gibt niemals nach. Und der Chinese ist auch nicht besser. Aber den Türken, den versteh ich nicht. Was der mit den Kurden macht. Bloß der Kurde ist von Haus aus gewalttätig. Wir haben schon zu viele davon. Und überhaupt. Deutschland wird überfremdet. Ich habe nichts gegen Ausländer, aber die Deutschen sterben aus in unserem Land. Von Zucht und Ordnung merkt man sowieso nichts mehr bei dieser Jugend. Und die Verbrecher! Alles Mafia. Das sind doch keine Menschen. Das können Sie mir glauben. Ich kenne die Menschen!«

Die Räuberhöhle
am Verlorenen Wässerchen

Als ich jüngst von Dresden nach Leipzig fahren wollte, war am Wilden Mann – dem Stadtteil am Rand der Dresdner Heide – der Wald links und rechts der Autobahn verschwunden. Der Wald meiner Kindheit! Während der Ferienspiele 1953 hatten wir dort Eicheln vergraben und täglich gegossen. Und bei jedem Waldspaziergang hatte ich meine Eltern und meine Schwester stolz zu dem kleinen Eichenhain geführt. Ich war ein *grünes* Kind! Und nun hat eine schnöde *Black & Decker* meinem Wald den Garaus gemacht: »Verbreiterung der A 14«, hieß es lakonisch. Mir ist die A 14 breit genug!

Anfang der fünfziger Jahre war das Waldgebiet nördlich der Autobahn, rechts von der Moritzburger Landstraße, unser bevorzugtes »Räuberland«. Dort suchten wir Pilze und Heidelbeeren, fingen Kaulquappen und Maikäfer und übten Abfahrtslauf zwischen Fichten und Birken.

Der Höhepunkt war das Erklimmen eines Sandsteinfelsens mit der sogenannten »Räuberhöhle«. In einem ehemaligen Flakunterstand lagen auf dem sandigen Boden jede Menge »Zündhütchen«, noch funtionierende Zünder von Flakgranaten. Natürlich war es streng verboten, die Höhle zu betreten. Aber das war ja gerade der Reiz. Außerdem gab es eine praktische Anwendungsmöglichkeit für die Zünder: Man konnte sie auf die

Straßenbahnschienen legen, wo sie mit einem Knall explodierten, wenn die Bahn darüberfuhr.

Maikäfer lebten an Eichen- und Birkenblättern und Kaulquappen in einem kleinen Teich. Das wollte alles gefangen sein. Maikäfer brachten pro Marmeladenglas ein oder zwei Eier von Dr. Wilhelms Hühnern. Über die Eier freute sich meine Mutter sehr, die Kaulquappen mußte ich in die Toilette kippen ...

Nur einmal gab es auch mit den Maikäfern Probleme. Im Wald fiel mir das Marmeladenglas auf eine Baumwurzel und zerbrach in tausend Stücke. Zum Glück hatte ich Socken an. Nicht wegen der Schnittwunden – sondern wegen der Käfer. Ich stopfte die Maikäfer behende in eine Schafwollsocke. Als wir nach Hause gingen, trug ich eine Socke am Fuß, die andere gefüllt in der Hand. Beim Herausschütteln der Käfer nahm das Problem Gestalt an: die Käferbeine verhakten sich in der Schafwolle. Nach der nächsten Wäsche legte mir meine Mutter wortlos zwei Maikäferbeine auf den Tisch. Ich warf sie Dr. Wilhelms Hühnern als Nachtisch über den Zaun.

Gern spielten wir am Verlorenen Wässerchen. Das war ein Bach, der oberhalb der Räuberhöhle entsprang und durch den Wald floß, um nach einem reichlichen Kilometer im sandigen Boden zu versickern. Der Wasserlauf war hervorragend geeignet, um Rindenschiffchenrennen zu veranstalten. Jeder durfte sein Schiffchen dreimal abschieben, wenn es auf eine Sandbank auflief oder an Brombeerranken hängenblieb. Meine Wasserfahrzeuge hatten den Nachteil, daß sie sich immer drehten, wenn sie geradeaus schwimmen sollten. So gelangte keines zu der Stelle, an der das Wasser im Sand verschwand. Obwohl wir sicher waren, daß der Bach unterirdisch weiterfließen mußte, fanden wir nie die Stelle, wo er wieder ans Tageslicht trat. Und so haftete dem Verlorenen Wässerchen immer etwas Geheimnisvolles, geradezu Unterirdisches an.

Das Geheimnis der »Hellerschenke«

Im Norden Dresdens, zwischen den Ausfallstraßen, die nach Radeburg und nach Königsbrück führen, liegt am Rande der Heide eine ausgedehnte Sandfläche, der Heller. 1827 wurde er zum Exerzierplatz der Königlich-Sächsischen Armee, das Betreten des Geländes wurde verboten. Und das blieb so, bis Anfang der neunziger Jahre die letzten sowjetischen Truppen ihre Kasernen am Rande des Hellers verließen.

In den fünfziger Jahren existierte am nördlichen Rand, am Hellerberg (215 Meter über NN!), noch ein ehemals beliebtes Ausflugslokal, das Gasthaus »Zum letzten Heller«, im Volksmund die »Hellerschenke« genannt. In den großen Ferien konnte man dort für einen Betrag von 15 Mark sein Kind zur Ferienbetreuung abgeben. So tobte ich im Sommer 1952 drei Wochen lang jeden Tag durch diese Gegend. Im angrenzenden Wald spielten wir »Räuber und Schampampel«, was eine Variante von »Trapper und Indianer« war. Eine Gruppe versteckte sich jedenfalls, und die andere mußte sie suchen. Es gab noch eine Menge Schützenlöcher aus dem Zweiten Weltkrieg, und manchmal fanden wir sogar eine durchgerostete Panzergranathülse.

In einem knorrigen Baum entdeckten wir ein Hornissennest. Da ich bis dahin nur Wespen gekannt hatte, machten die *Riesenviecher* einen großen Eindruck auf mich. Bei dieser Gelegenheit erfuhr ich auch die erschröckliche Geschichte von den drei Hornissenstichen, die ein Pferd zu töten vermögen. Die Wahrheit der Geschichte konnte ich nicht überprüfen. Zwar fand sich gleich neben der »Hellerschenke« eine ehemalige Pferdetränke in Form eines riesigen Sandsteinbeckens, aber Pferde gab es nicht. Sie waren nach dem Krieg in den Kochtopf oder durch den Fleischwolf gewandert. Übrigens soll die Ausspanne auf August den Starken zurückgehen. Die Straße davor heißt jedenfalls heute noch Augustusweg.

Von der »Hellerschenke« steht nichts mehr. Am Fuß eines kleinen Hügels neben der Autobahnauffahrt Dresden-Hellerau liegen noch ein paar undefinierbare Steinbrocken. Das ist alles.

Ende der sechziger Jahre rollte Walter Ulbrichts Staatstroß, aus Berlin kommend, bei jedem Besuch an der langsam zerfallenden »Hellerschenke« vorbei in die Elbestadt. Der Anblick des Gebäudes störte das ästhetische Empfinden des obersten Partei- und Regierungschefs der DDR. Da mußte etwas geschehen. Einschlägige Erfahrungen mit der Leipziger Universitätskirche waren ja vorhanden. Die Schenke wurde 1971 kurzerhand gesprengt. Nicht gesprengt wurde der darunterliegende alte Weinkeller. Noch nicht! Fünf Jahre später jagte man auch dieses »Relikt bürgerlicher Lebensunart« in die Luft. Ein Denkmalschützer, der im letzten Augenblick den Stop der Sprengung erwirkt hatte, kam zehn Minuten zu spät.

Aber wie alles Schlechte auch sein Gutes hat, so können wir das unzerstört gebliebene Sandsteinportal mit dem aus einer Schale trinkenden Bacchus-Kopf aus dem Weinkeller der »Hellerschenke« im »Wettiner-Keller« des Hilton-Hotels bewundern.

Heute floriert auf dem Gelände, wo ich als Junge wilde Bienen jagte, das Gewerbe. Nach der Wende hat ein Unternehmen aus Bayern sich am Hellerrand niedergelassen: »Beutlhauser – Baumaschinen und Fördertechnik«. Um jedem Mißverständnis vorzubeugen: Die Maschinen werden natürlich nicht hier hergestellt, sondern nur vertrieben.

Stalin hat die Kartoffelkäfer nicht besiegt

Es war Wahljahr in der jungen DDR. Schon im Sommer 1950 wurde überall für die Volkskammerwahlen im Oktober geworben. Wer für den Frieden war, sollte mit JA stimmen. Und damit war das Parlament gewählt. Es gab ohnehin nur eine Einheitsliste. Und wer wollte nicht für den Frieden sein, fünf Jahre nach Kriegsende, ohne Friedensvertrag? Denn die bösen amerikanischen Imperialisten versuchten mit allen Mitteln, den warmherzigen sozialistischen Aufbau durch den kalten Krieg zu stören. Nicht nur, daß sie mit Hilfe des Marshallplans im Westen die Schaufenster wieder gefüllt hatten, nein, sie genierten sich auch nicht, die Wirtschaft im Osten durch infame Sabotage und Diversion an der Erfüllung des ersten Fünfjahrplans zu hindern. Dabei scheuten sie vor den unglaublichsten Dingen nicht zurück. Kartoffelkäfer und Kartoffelkäferlarven würden sie über unseren Feldern abwerfen, so lernten wir es in der Schule. Das Hauptnahrungsmittel der Ostdeutschen, knusprige Bratkartoffeln, sollte damit »im Keime zerstört« werden.

Natürlich behaupteten die westlichen Hetzsender – mit dem RIAS an der Spitze –, die Kartoffelkäfer kämen nicht aus Amerika. Aber da hatten sie nicht mit dem Scharfsinn der Propagandisten in der gerade gegründeten Deutschen Demokratischen Republik gerechnet. Denn der Käfer entlarvte sich durch seinen Decknamen *Colorado-Käfer* und durch die Streifen auf den Flügeldecken. Es waren die gleichen wie auf der amerikanischen Flagge!

Und die Sammelwut der Ostdeutschen hatte man unterschätzt. Vom Großvater bis zum Urenkel zogen wir aufs Feld, bewaffnet mit Marmeladengläsern. Gab es denn damals schon Marmelade? – Wir hatten jedenfalls Marmeladengläser. Und sie waren gestrichen voll. Voll von Kartoffelkäfern und Larven, die wie dicke Maden aussahen. Sie saßen an den Blättern und fraßen alles ab, wenn wir ihnen nicht zuvorkamen. Damals entstand das geflügelte Wort »Die leben wie die Maden im Kraut.« Und die Amerikaner nannten die deutschen demokratischen Käfersammler mit versteckter Hochachtung *Krauts*.

Ich verbrachte die Ferien in Ferbitz, einem Dorf in der Nähe von Wittenberge, nicht weit von der Demarkationslinie. Beim Kartoffelkäfersammeln hielt ich einen Rekord: 600 Schädlinge in einem Marmeladenglas unterzubringen, war noch niemandem gelungen. Ob ich das beweisen kann? Und ob! Die Sekretärin des Bürgermeisters war dabei. Und mehr noch: Sie hat mitgezählt. Sie und ich, wir saßen im Büro des Bürgermeisters an einem Tisch – an der Wand ein Stalinporträt mit dem Spruch: »Wer hat so viel Sonne ausgebreitet? / Stalin ist es, der die Völker leitet!«

Wir hatten einen Berg Schädlinge auf der Igelit-Tischdecke ausgebreitet, und jeder zählte 300 muntere Tierchen in das Glas.

Was passierte eigentlich mit den Millionen Kartoffelkäfern und Kartoffelkäferlarven, die in der DDR in den frühen Fünfzigern von fleißigen Anti-Imperialisten gesammelt wurden? Es gab den Plan, sie nach Amerika zurückzuschicken. Aber was würde passieren, wenn das

Flugzeug abstürzte? Möglicherweise über einem mecklenburgischen Kartoffelfeld? Die Konsequenzen für die internationale politische Lage waren nicht auszudenken.

Da erinnerte sich die Partei- und Staatsführung der DDR an das Versprechen Stalins, in Notsituationen werde er den Bruderländern beistehen, und sei es mit Panzern und Maschinengewehren.

Zum Glück kamen den Politbüro-Mitgliedern Zweifel, ob ein militärisches Eingreifen das Problem des Kartoffelkäfers lösen würde. Doch die Berge von Käfern und Larven wuchsen. Sie mußten rund um die Uhr bewacht werden, damit sie sich nicht vermehrten und auf die Felder zurückkehrten.

Die Erfüllung der nächsten Fünfjahrpläne litt sehr unter den fehlenden Arbeitskräften, die durch die Käfer gebunden waren. Erst als ein westdeutsches Unternehmen den Käfer zu seinem Markenzeichen machte, ging es im Osten bergauf. Und heute ist der »Käfer« auf der ganzen Welt ein Begriff.

Kein Nachruf!

Am 7. Oktober 1999 wäre sie 50 geworden.

Kurz nach ihrem mit großem Pomp gefeierten 40. Geburtstag schied sie jedoch dahin. Genaugenommen hat sie noch bis wenige Tage vor ihrem 41. gelebt, aber das wurde eigentlich gar nicht mehr so recht wahrgenommen.

Was war das eigentlich, diese DehDehäR?

Ich erinnere mich an den ersten Platz im Rollerrennen zur Volkswahl 1950. »Wer für den Frieden ist, stimmt mit Ja!« Am 17. Juni 1953 – mein Onkel hatte Geburtstag – fuhren wir mit der Straßenbahn durch Dresden. Im Stadtzentrum Panzer und russische Soldaten mit MPis, die auf dem Postplatz die Menschengruppen auseinandertrieben.

Dann gab es noch das Sportleistungsabzeichen, das Abzeichen für gutes Wissen, Pioniernachmittage, die AG Schiffsmodellbau. Mein Boot kippte immer um.

»So, liebe Kinder, nun malt mal das Sandmännchen.« – Und schon wußte der Lehrer, ob es zu Hause Westfernsehen gab.

»Timurhilfe« – Junge Pioniere trugen Kohleneimer aus dem Keller in den dritten Stock, damit die Witwe Scholz den Kanonenofen heizen konnte.

»Wer nicht zur Jugendweihe geht, kommt nicht auf die Oberschule!« In meinem Jahrgang gingen vier Schüler zur Jugendweihe, im Jahr darauf bis auf vier alle.

Die Ochsenkopf-Antennen auf den Dächern wurden von FDJ-Brigaden abgesägt. Jeder Oberschüler verpflichtet sich mit seiner Unterschrift, nie Radio Luxemburg zu hören.

Schüler der 12. Klassen sollten sich freiwillig zum Ehrendienst in der NVA melden. Wer sich nicht verpflichtet, bekommt keinen Studienplatz!

Am 12. August 1961 mit dem Fahrrad quer durch Westberlin gefahren. Die Mauer lag in der Luft.

1968: Prag und die Sprengung der Unikirche.

Dienstreisen nach Berlin: H-Milch und Bananen für die Kinder – nach Hause befördert in der Aktentasche und im Dederon-Beutel.

Urlaub in Böhmen. Modezeitschriften geschmuggelt. An der Grenze immer dieses Unterdruckgefühl im Magen.

Exquisit-Läden jahrelang boykottiert – sie machten trotzdem nicht Pleite.

Mamba-Kaubonbons im Intershop. 20 DM im Brief von der Tante!

Von der Öffnung der ungarischen Grenze im BBC gehört. Ein Sachse: »Ei äm nau in se friedom!«

Übrigens wäre ich in diesem Jahr mit meinem Wartburg dran.

Vom Segen
des polytechnischen Unterrichts

Seit meiner frühesten Kindheit habe ich in der Schule gezeichnet. Nicht nur im Zeichenunterricht »Stalins Flucht aus Sibirien«, Diagramme in Mathematik oder »Die Sexualorgane einer männlichen Biene« in Biologie, sondern vor allem auf Löschblättern, Heftinnenseiten, Linealen, Radiergummis, Rechenschiebern ... Und immer das gleiche Motiv: einen Jeep. In der DDR hieß das zwar »geländegängiges Kfz«, doch verbarg sich dahinter auch nichts anderes.

Mein Traum war, eines Tages Besitzer eines solchen Kraftfahrzeugs zu sein. Der Traum blieb ein Traum, denn im Osten Deutschlands galten Fahrzeuge, die abseits der Straßen durchs Gelände fahren konnten, als verdächtig bis subversiv. Geländewagen besaß nur die Armee. Da ich nicht in der Nationalen Volksarmee diente, blieb mir auch der Kontakt zum »Russenjeep« – so hieß der GAS 69 im Jargon – verwehrt.

Aber das Leben ging ohne Jeep weiter. Es gab jede Menge andere Probleme, die gemeistert sein wollten. Man war ja noch jung, und man war auf der Suche: nach einem Arbeitsplatz, einer Wohnung, einer Kinderfrau, Kindergartenplätzen, Ferienplätzen, Zeltplätzen, und auf der Suche nach Freunden, die einen in der Not nicht im Stich lassen würden.

Nachdem all das gefunden war, hatte ich plötzlich die Lebensmitte erreicht, wenn man dem statistischen Jahrbuch glauben darf. Damit war eigentlich die Zeit vorbei, Kindheitsträume zu verwirklichen. Sollte man meinen. Aber nicht für einen durch die Mangelwirtschaft gestählten Leipziger! Der schreckte nicht einmal vor einem Grenzdurchbruch zurück – nach Sachsen-Anhalt! Dort erwarb ich zum Preis von 7000 Mark der DDR einen ausgemusterten Armeejeep aus sowjetischer Produktion. Ein Schnäppchen würden wir das heute nennen!

Nach einer Generalüberholung – für die ich noch einmal den Kaufpreis berappte – ging es mit einer Höchstgeschwindigkeit von 90 Kilometern in der Stunde auf der Autobahn nach Dresden. Nach 50 Kilometern kochte der Motor. Zurück ging es nicht, der Urlaub hatte ja schließlich schon begonnen. Also mit Tempo 50 weiter Richtung Elbflorenz. Am nächsten Tag: Suche nach einer Werkstatt, die einen »Russenjeep« reparieren könnte. Die Zylinderkopfdichtung war geplatzt. Am Nachmittag war sie ausgewechselt, neues Öl aufgefüllt, Start in Richtung Sächsische Schweiz. Höchstgeschwindigkeit 60 Kilometer in der Stunde. Nach einem Anstieg im Vorland des Elbsandsteingebirges kochte der Motor. Rückkehr nach Dresden. Am nächsten Morgen wieder in die Werkstatt. Der Kühler war zugesetzt. Die Reparatur dauerte vier Stunden. Danach fröhlicher dritter Start in den Urlaub, in die Tschechoslowakei.

Abends auf dem Zeltplatz am malerischen Máchovo Jezero, einem im 14. Jahrhundert angelegten großen See, kontrollierte ich sicherheitshalber den Ölstand. Den Ölmeßstab umgab eine graublasige Schicht. Wasser im Motorenöl – Diagnose: Zylinderkopfdichtung geplatzt. Verzweifelt stürzte ich mich ins Wasser. Aber nach einigen Runden im See faßte ich wieder Mut. Am kommenden Morgen würde ich meiner Frau und den

Kindern beweisen: Der polytechnische Unterricht war nicht umsonst gewesen. Ich würde ausziehen und die Zylinderkopfdichtung das Fürchten lehren.

Im Morgengrauen, also gegen elf Uhr, verließ ich das Autocamp. Im Ort Doksy entdeckte ich nur eine Skoda-Werkstatt, außerhalb des Ortes eine Maschinenfabrik. Ich parkte auf dem Betriebsparkplatz vor dem Werktor. Die 14er Muttern auf dem Zylinderkopf waren relativ schnell gelöst, aber der schwere Block ließ sich nicht anheben. Die Dichtung hatte sich eingebrannt. Da half kein Schraubenzieher und auch kein Stemmeisen. Die Klinge des Taschenmessers brach ab. Nachdem ich eine Stunde lang verschiedene Werkzeuge eingesetzt hatte, ließ sich der Zylinderkopf endlich abheben. Mit einem fröhlichen *Dobrý den* ging ich am Pförtner vorbei. Die Tür zur Werkhalle stand offen. Mit meinen rudimentären Tschechischkenntnissen versuchte ich, einem Arbeiter in der Halle klarzumachen, daß ich eine geplatzte Zylinderkopfdichtung auswechseln möchte. Dazu müßte die Unterseite des Zylinderkopfes plangeschliffen werden. Vermutlich waren es meine pantomimischen Fähigkeiten, die schließlich zu ausreichender Verständigung führten.

Nach einer halben Stunde stand ich mit dem plangeschliffenen Zylinderkopf wieder vor dem Werktor. Frohen Mutes zog ich die Muttern wenig später wieder fest und aß mein mitgebrachtes Brot. Es schmeckte wie bei Muttern.

Und wenn wir nicht in frühester Jugend den segensreichen polytechnischen Unterricht genossen hätten, dann säße ich vielleicht heute noch irgendwo an einer Landstraße in der Tschechischen Republik und dichtete – mit einem Zylinder auf dem Kopf!

Ein Paß ist keine Garantie
für freie Fahrt

Reisen in die östlichen oder südöstlichen Volksrepubliken waren Wagnisse voller Unwägbarkeiten, wollte man auf die Vermittlung des Reisebüros – es gab nur das staatliche DER – verzichten. Auf das Visum mußte man wochenlang warten. Für die Union der Sozialistischen Sowjetrepubliken brauchte man gar die persönliche Einladung eines Sowjetbürgers, um ein Visum beantragen zu dürfen. Weiche Devisen – Rubel, Kronen oder Lewa – konnte man nach langem Schlangestehen in der Staatsbank der DDR erwerben. Sie waren allerdings kontingentiert und reichten bei einer mehrköpfigen Familie nur für einen Zelturlaub.

Ein Privatzimmer in Budapest konnte man hin und wieder mit »hochwertigen Konsumgütern« aus volkseigener Produktion finanzieren. Im Sommer 1988 bezahlten wir unser Quartier mit einem Elektrogrill, einem Waffeleisen und einem Toaster. Doch um zur bulgarischen Schwarzmeerküste zu gelangen, mußte man ein paar Hürden mehr nehmen. Denn verpaßte man den Stichtag für die Bestellung der Liegewagen- und Platzkarten, so hatte man keine Chance, jemals das Urlaubsparadies zu erreichen. Am besten war es, wenn alle Familienmitglieder Karten für unterschiedliche Züge bestellten – in der Hoffnung, am Ende gemeinsam in einem Zug zu sitzen.

Wir gehörten schließlich zu den Glücklichen, die allen Widrigkeiten und Bürokratiemühlen getrotzt hatten. Nach mehr als 50 Stunden Zugfahrt erreichten wir im Sommer 1986 Burgas an der bulgarischen Schwarzmeerküste. Und stellen Sie sich vor, der Zug hatte in Burgas nur fünf Stunden Verspätung. Heute wäre man in jedem mittleren Stau damit außerordentlich gut bedient.

Entschlossen suchten wir am Busbahnhof in den frühen Abendstunden eine Verbindung nach Arkutino, dem ersten Etappenziel unserer Bulgarien-Wanderung. Aber es fuhr nur noch ein Bus nach Sosopol, wo wir auf dem total überfüllten Zeltplatz für unsere beiden Bergzelte ein Fleckchen in den Dünen fanden. Im Gegensatz zur Ostsee war das Zelten in den Dünen hier offenbar nicht verboten. Vielleicht durften Bergzelte aber auch einfach nicht auf ebenem Boden stehen. Wir werden es nie erfahren.

Arkutino, nicht allzu weit von der türkischen Grenze, erreichten wir doch noch, und nach fünf Tagen am Schwarzen Meer traten wir morgens um fünf die Reise ins Balkangebirge an. Rotgebrannt und mit grünem Gesicht saßen wir auf einem kleinen Kutter, der uns bei starkem Wellengang von Achtopol nach Mitschurin brachte.

Als wir endlich wieder festen Boden unter den Füßen hatten, sahen wir käseweiß aus. Der Magen wollte sich vehement von Frühstücksmarmelade und -butter trennen. Und immer wieder ging mir dabei ein alberner Reim aus meiner Kinderzeit im Kopf herum: »Mitschurin hat festgestellt, daß Marmelade Fett enthält.« Dabei war Mitschurin doch wohl für kinderkopfgroße Tomaten verantwortlich? Von Genmanipulation wurde allerdings in der Sowjetunion der fünfziger Jahre nicht gesprochen. Wie dem auch sei, wir versuchten bei glühender Hitze, von Mitschurin nach Burgas zu trampen – vier Personen und vier Rucksäcke. Nach zwei Stunden gaben wir auf und ergatterten noch Fahrkarten für den Bus, die vorher angeblich ausverkauft gewesen waren.

Nur noch 400 Kilometer trennten uns dann von unserem Tagesziel Weliko Tarnowo jenseits des Balkangebirges. Aber es war auch schon fünf Uhr nachmittags. In schlappen acht Stunden würde uns ein Zug dorthin bringen. Allerdings war der nächste Zug erst in sechs Stunden gewillt, den Bahnhof zu verlassen. Doch eingedenk der Tatsache, daß wir in den ersten zwölf Stunden des Tages schon beeindruckende 100 Kilometer zurückgelegt hatten, schien die Fortbewegungsgeschwindigkeit eine progressive Tendenz aufzuweisen. Schließlich wurde der Zug schon eine Stunde vor Abfahrt auf das Gleis geschoben, und wir hatten die Möglichkeit, in den aufgeheizten Wagen auf die Abfahrt zu warten.

Da mein Riesenrucksack weder auf dem Gang Platz fand, noch im Gepäcknetz zu verstauen war, stellte ich ihn neben mich. Als der Schaffner das Abteil betrat, fing er an, im Diskant zu schreien. Ich dachte, er sei in einen Nagel getreten. Aber als er, heftig mit den Armen rudernd, auf mich zusteuerte, wurde ich unruhig und hielt ihm demütig die Fahrkarte entgegen. Doch er warf sich wie ein wild gewordener Countertenor mit spitzen Schreien auf meinen Rucksack und wollte ihn vom Sitz stoßen. Da hatte er allerdings die Rechnung ohne die am Rucksackboden verstauten Fleisch- und Wurstkonserven vom »VEB Fleischverarbeitungskombinat Gera« gemacht. Der Rucksack lag wie ein Granitbrocken auf dem Sitz. Beflissen wälzte ich ihn herunter. Jetzt konnte sich zwar niemand mehr im Abteil bewegen, aber der Schaffner war zufrieden und knurrte noch etwas im Falsett – das muß ihm erst einmal einer nachmachen!

Als wir in Stara Sagora umstiegen, zeigte die Bahnhofsuhr 1.30 Uhr. Der nächste Zug sollte uns über einen 1000 Meter hohen Paß auf die andere Seite des Balkangebirges bringen. Es war ein Personenzug, der an jeder »Kuhbläke« haltmachte. Gegen 3.30 Uhr hielt er besonders lange. Der Bahnhof hieß Debowo und lag am Fuße des Gebirges.

Nachdem wir vier Stunden gestanden hatten – die Schaffner waren verschwunden –, fuhr ein Zug auf dem Nachbargleis ein. Alle stiegen um, doch nichts geschah. Da tauchte eine Schaffnerin auf. Wir stürzten auf sie zu. Die Verhandlungen gestalteten sich sehr schwierig, denn ihr gesamter deutscher Wortschatz bestand aus einem einzigen Satz:

»Ich spreche deutsch.«

In minutiöser Kleinarbeit erfuhren wir, daß unterhalb des Passes ein Güterzug entgleist und die Strecke gesperrt sei. Es würde aber umgehend Schienenersatzverkehr eingerichtet. Schon nach weiteren zwei Stunden schaukelten vier klapprige Autobusse über den Bahnhofsvorplatz.

Auf einer schmalen Straße ging es hinauf zum Paß. Etwa zwei Kilometer unterhalb des Scheitelpunktes wurde die Straße zu einem felsigen Gebirgsweg, der kaum breiter als der Bus war. In jeder Rechtskurve trug es den Kraftfahrzeugveteranen so weit nach links, daß das linke Vorderrad im unbefestigten Rand des Weges versank. Der Fahrer drehte wie besessen am Lenkrad. Millimeterweise schob sich der Bus wieder auf den Weg. Schweiß strömte über das Gesicht des Fahrers. Ich stand neben ihm und sah, wie sich seine zitternden Hände um das Lenkrad krampften, bis die bedrohliche Situation überstanden schien. Bis die nächste Kurve kam.

Ein Felsband bildete die linke Wegbegrenzung. Langsam rollte der Bus darauf zu. Der Fahrer bremste, gab langsam Gas. Ein Rumpeln. Das linke Vorderrad war über den Felsrand gerutscht und hing im Sand. Frauen begannen zu schluchzen, Kinder kreischten. Ich blickte vorsichtig über den Fahrer hinweg nach links. 600 Meter abstürzender Felshang. Einige große Bäume klammerten sich in den Boden. Der Fahrer weinte. Er ließ den Kopf auf das Lenkrad sinken. Von hinten drängten sich einige Männer nach vorn. Sie schrien den Fahrer an. Der Bus schwankte. Ich klemmte mich zwischen zwei Metallstangen. Vielleicht würde der Bus am ersten Baum hängenbleiben, wenn er in die Schlucht rutschte. Aber wo waren meine Frau und die Kinder? Sollte so unser Leben zu Ende gehen? – Und der Sozialismus hatte noch nicht einmal gesiegt!

Als ich dies dachte, hob der Busfahrer entschlossen den Kopf. Er gab vorsichtig Gas. Zuerst drehten sich die Räder im lockeren Sand, dann griffen die profillosen Reifen langsam ins Geröll und zogen den ächzenden, überladenen Koloß wieder auf den Weg. Vorsichtig ging es bergab. In jeder Kurve stockte mir der Atem.

Nach vier Stunden erreichten wir schweißgebadet den Bahnhof. Nie hätte ich geglaubt, daß der Anblick eines Eisenbahnwaggons zum Ausstoß von Glückshormonen führen kann.

Ohne die Eisenbahner wäre der Busfahrer nicht mit heiler Haut davongekommen. Noch Minuten, nachdem sie ihn weggeführt hatten wie einen Schiedsrichter vom Spielfeld, wenn die Heimmannschaft verloren hat, hallten die Flüche der Männer und die Empörungsschreie der Frauen über das Bahnhofsgelände.

Wir aber tranken einen Schluck aus der Wasserflasche, packten die Rucksäcke und wanderten nach 33 Stunden Kampf mit öffentlichen Verkehrsmitteln hinaus in die Berge.

Dracula in der Cabana

Unsere Fahrt von Dresden nach Braşov, das 1975 in der DDR offiziell noch nicht Kronstadt hieß, führte über Prag und durch die ungarische Tiefebene mit den typischen Ziehbrunnen. Fast wäre die Reise schon in Bratislava zu Ende gewesen, wo man unseren Wagen vom Zug abhängte, während wir im Speisewagen saßen. Zum Glück war das Menü nicht so faszinierend, daß uns der Wagen, der mit unseren Rucksäcken plötzlich auf dem Nebengleis auftauchte, nicht interessiert hätte. Mit einer weltrekordverdächtigen Aktion retteten wir das Gepäck und uns in ein Abteil erster Klasse, das wir über mehrere Grenzen hinweg mit dem Schlachtruf »wagon kaput« erfolgreich verteidigten.

Nachdem unsere Versuche, in englisch oder französisch eine Unterkunft in Braşov ausfindig zu machen, gescheitert waren, half uns ein junger Mann im Touristenbüro eines Hotels. Er versprach, uns einen preiswerten Schlafplatz zu besorgen – sogar nachdem er begriffen hatte, daß wir nicht aus der devisenträchtigen deutschen Republik kamen. Eigentlich wollten wir noch eine Wanderkarte für den Bucegi kaufen, konnten aber nur eine für den Königsstuhl erstehen. Also änderten wir unsere Touren nach dem jeweiligen Kartenangebot.

Im Restaurant offenbarten sich weitere Sprachschwierigkeiten. Wir zeigten in der Karte auf ein Gericht, das wir für Boulette mit Kartoffelsalat hielten, und bekamen

Bratwurst mit weißen Bohnen. Danach tranken wir eine Tasse rumänischen Kaffee, der türkisch gebrüht und in Suppentassen mit viel Zucker serviert wird. Ein netter älterer Herr am Tisch fragte uns, ob wir aus Deutschland oder aus der demokratischen Republik kämen. Zwei Zigeunerjungen in ausgebeulten Trainingshosen bettelten uns an. Wir lernten die ersten rumänischen Wörter: *multomesc frumos* und *la revedere* – vielen Dank und auf Wiedersehen.

Mit dem Bus fuhren wir nach Rîşnov, also nach Rosenau, um von dort im Königsstuhl zu wandern. Um ein Haar hätten wir das Reiseziel verpaßt, hatten wir doch angenommen, daß der Überlandbus selbstverständlich in jedem Ort halten würde. Erst auf unseren energischen Protest hin stoppte der Fahrer, zwei Kilometer nach der Haltestelle. Als wir einen Herrn, der überraschenderweise fließend deutsch sprach, nach dem Weg fragten, meinte er, man könne unmöglich bis Zărneşti (Zernescht) zu Fuß gehen. 30 Kilometer! Nach unserer Karte waren es nur 15.

Wir stiegen zur ehemaligen Bauernburg hinauf. Die Burg Rosenau wurde im 13. Jahrhundert von den Bauern des Ortes errichtet und später ausgebaut. Sie diente dem Schutz vor Tataren und Türken. Selbst die Ruinen sind noch eindrucksvoll: dicke Mauern, Wehrgänge, Ställe, Wohnhäuser und ein 146 Meter tiefer Brunnen.

Ehe wir die erste Bergetappe in Angriff nahmen, besuchten wir in Bran noch ein Freilichtmuseum, in dem eine riesige Brettersäge unsere Aufmerksamkeit fesselte. Baumstämme wurden damit in Scheiben geschnitten. Alle Geräte und Maschinen waren aus Holz und wurden von Wasserkraft getrieben.

Danach folgten – bei strahlendem Sonnenschein –

100 Meter Aufstieg zum Schloß Bran, dessen Giebel schon von weitem ins Auge sticht. Die Zimmer in den drei Etagen des Schlosses beeindruckten durch mächtige, gediegene Holzmöbel, die in einem außerordentlich guten Zustand waren. Hier soll einmal Graf Dracula gewohnt haben. Weil wir die Gruft nicht besichtigen konnten, fühlten wir uns völlig sicher und spürten auch keinerlei Bisse am Hals.

Übermütig beschlossen wir, den höchsten Gipfel des Bucegi zu besteigen, den Omul, der es immerhin auf 2507 Meter bringt. Zuvor wollten wir die gemeinsame Wasserflasche füllen. Der Wasserträger des Tages war mein Schwager. Er verwies jedoch auf die am Berg fröhlich sprudelnden Quellen und steckte die Flasche leer in seinen Rucksack. Das Ergebnis dieser groben Fahrlässigkeit eines niederen Semesters war ein elfstündiger Aufstieg ohne einen Tropfen Wasser. Meine Frau mußte schließlich aus einer Schaflecke Regenwasser trinken, um nicht zu verdursten. Meine Schwester und ich retteten uns bis zur Cabana, der Berghütte, wo es eisgekühlte Coca Cola gab, ein im Jahre 1975 für uns ungewohntes Getränk, das im Schlunde gleichsam verdampfte.

Wir erhielten für 20 Lei pro Nase vier Liegeflächen im Massenquartier, wo sich 50 Wanderer auf zwei Pritschenetagen von ebenso vielen Quadratmetern drängten. Fenster wurden nicht geöffnet. Eine rumänische Jugendgruppe machte auf der oberen Etage ein Gesellschaftsspiel, das mir recht kopulativ erschien. Gegen Mitternacht nahm ich meinen Schlafsack und legte mich im Gang hin, zwischen Tür und Toilette. Hier betrug die Temperatur zwar nur 6°C, aber man konnte atmen, und es war ruhig. Ab und zu trat mir jemand auf die Hand oder auf mein linkes Ohr, sonst habe ich gut geschlafen.

Und im Gegensatz zu meinen Mitwanderern biß mich keiner. Was Dracula nicht geschafft hatte, dem Massenquartier gelang es mühelos: Am nächsten Morgen waren die Halspartien meiner Wanderfreunde gezeichnet von Bißreihen der transsylvanischen Art.

Ein großes Problem war – abgesehen von der ständigen Ebbe in unseren Portemonnaies – die tägliche Suche nach einem Nachtquartier. Da wir kein Zelt hatten, waren wir auf Hotels, Privatquartiere oder unsere Hängematten angewiesen.

Die Hotels waren entweder *okupat*, das heißt ausgebucht, oder viel zu teuer. Privatpersonen wurden bei Vermietung an Ausländer mit Strafen bis zu 1000 Mark belegt. Und die Hängematte war in der Stadt nicht besonders geeignet und schützte nur sehr unvollkommen gegen die allgegenwärtigen streunenden Hunde.

Als wir nach einer Tageswanderung durch den Wald an die Tür eines Försters klopften, erschrak dieser zu Tode und ließ uns dann doch in seinem Kuhstall schlafen. Allerdings unter einer Bedingung: wir mußten sein Haus bei Sonnenaufgang verlassen. Das fiel uns nicht schwer, denn geschlafen haben wir in dieser Nacht kaum. Die Kühe standen direkt neben uns, hinter einer mannshohen Holzwand. Abgesehen davon, daß sie uns die ganze Nacht anglotzten, als hätten sie noch nie vier wandernde Sachsen in Schlafsäcken gesehen, polterten sie mit den Klauen gegen das Holz und ließen ihrer Verdauung im wahrsten Sinn des Wortes freien Lauf. Punkt fünf Uhr verließen wir das Forsthaus.

Wieso gab es eigentlich bei einem Förster einen Kuhstall? Anders als bei uns war in Rumänien Selbstversorgung das oberste Prinzip.

Als wir in der Morgendämmerung die Straße erreichten, näherten sich vom Dorf her drei von Ponys gezogene Zigeunerwagen. Die Roma baten uns um etwas zu essen. Wir besaßen nur noch zwei Brotkanten und gaben sie hin. Sie wurden in Stücke gebrochen und an die Kinder verteilt. Die verschlangen das Brot, als hätten sie seit Tagen nichts bekommen.

Langsam wurde es Morgen. Aber der Nebel hob sich nicht, sondern dunkle Wolken zogen auf, und es regnete. Nachdem wir eine Stunde lang versucht hatten zu trampen, öffnete sich die Tür eines Hauses, vor dem wir standen. Eine weißhaarige, leicht gebeugte Frauengestalt bat uns hinein. Das Haus bestand aus zwei kleinen Räumen, der Küche, in der auch gewaschen wurde, und dem Wohn-Schlafraum. In der Küche standen ein kleines eisernes Öfchen und ein Holzbottich, im zweiten Zimmer auf blankgescheuerten Dielen ein Bett, ein kleiner Tisch mit vier Hockern und ein altmodischer Küchenschrank. An den Wänden hingen gerahmte Fotos – vermutlich von Sohn, Schwiegertochter und Enkelkind –, eine Wand wurde von einem Heiligenbild beherrscht. Die Frau kannte kein Wort in unserer Sprache, sie lächelte und wies einladend auf die Hocker. Dann lauschten wir gemeinsam dem Regen. Als er aufhörte, verneigten wir uns stumm vor der Frau und verließen die Hütte.

Im Märchen gibt es immer eine gute Fee.

1199 in der Steppe

Kabarettisten in der DDR spielten nicht nur jahrelang vor ausverkauften Häusern, sie spielten auch in Speisesälen von Großbetrieben, und sie spielten für Arbeiter an der »Trasse der Freundschaft«. In zehn Jahren gastierte das Kabarett »academixer« viermal an der »Trasse«. Von der Ukraine bis hin zum Ural zeigten wir Programme wie »Kultur ist keine Kunst« und »Schonzeit für Ideale«. Weder an Kultur noch an Schonzeit herrschte bei den Trassenbauern Überfluß, von Idealen ganz zu schweigen, so daß unsere Auftritte willkommene Abwechslung in den Alltag von Holzfällern und Schweißern, Tiefbauern und Küchenfrauen brachten.

Die weiteste »Trassen-Dienstreise« führte uns 1985 in den Ural, wo wir in der Taiga einen selbstgemalten Wegweiser fanden: »Berlin 3226 km«. Ob die Kilometerangabe korrekt war, weiß ich natürlich nicht, aber wir brauchten von Leipzig bis dorthin 50 Stunden mit Flugzeug, Bahn und Bus.

Die letzte Gastspielreise in die Sowjetunion unternahm das Kabarett Ende September 1989, als in Leipzig schon die Montagsdemos stattfanden. Meine Frau und ich waren gerade Mitglieder des »Neuen Forums« geworden und hatten damit eine »gesetzeswidrige Handlung« begangen. Nun sollte ich ins Land der *Perestroika* fahren und unsere Schwierigkeiten beim sozialistischen Aufbau darstellen.

Die Tournee begann mit viel Aufregung, denn unserer Kollegin, die für Kostüme und Requisiten verantwortlich war, wurde im Zug die Handtasche mit Geld und Paß gestohlen. Wir durchsuchten den Zug – es war 0.30 Uhr – und bewachten in Bitterfeld und Halle den Bahnsteig. Ohne Erfolg. Später fiel uns auf, daß nicht nur die Handtasche aus dem Abteil verschwunden war, sondern auch ein junger Mann, der dort gesessen hatte.

Nach unserer Ankunft in Moskau probten wir 90 Minuten für die Abendvorstellung und unternahmen danach eine Stadtrundfahrt. In den Augenblicken, in denen ich nicht schlief – wir waren schon länger als 24 Stunden auf den Beinen –, bemerkte ich Dinge, die ich vier Jahre vorher noch nicht in Moskau gesehen hatte: Straßencafés, Ko-op-Stände mit Perestroika-T-Shirts für 20 Rubel (etwa 65 Mark), Maler, die Bilder verkauften.

Unsere Vorstellung fand in der deutschen Schule statt, in der Kinder von DDR-Diplomaten und Außenhändlern bis zur 10. Klasse unterrichtet wurden. Die Kolonie zählte etwa 1 000 Menschen, die in zwei Wohnhochhäusern gemütlich zusammen leben durften. Etwa 300 Zuschauer waren gekommen und freuten sich besonders über die Szenen, in denen wir die Ökonomie in der DDR aufs Korn nahmen. Da war der Arbeiter glücklich, »besonders gutes schlechtes Material« zu erhalten, und stellte fest: »Die Masse ist in Ordnung, es muß an der Leitung liegen.«

Die Zustimmung zu unserer Interpretation der Wirklichkeit nahm allerdings mit der Ranghöhe der diplomatischen und Handelsvertreter ab. Der Leiter der Handelsvertretung, der sich nach acht Jahren »beim Klassenfeind in Bonn« kämpferisch gab, war der Meinung, mit der DDR stünde es zum Besten. Man müsse nur den richtigen Klassenstandpunkt einnehmen. Dabei kniff er entschlossen die kurzsichtigen Augen zusammen.

Ein Oberstleutnant der Nationalen Volksarmee flüsterte mir ins Ohr, er fühle sich in Moskau »als deutscher Offizier wie ein Mensch dritter Klasse«, weil er im Monat nur 180 Rubel verdiene, die »Soli-Freunde« aus Angola und Moçambique aber 1000 Dollar und 500 Rubel. »Und im Wohnheim stehen die Mädchen Schlange und lassen sich für 10 Dollar bumsen!« – Vielleicht ist der tapfere Soldat noch heute in Moskau stationiert, bei der Bundeswehr. Und jetzt verdient er ja auch Devisen.

Am nächsten Morgen Abfahrt zum Flughafen. Aber nicht zum internationalen, nach Scheretmetewo, sondern nach Domodedewo. Ein Gewimmel aller Nationalitäten der großen Sowjetunion, ein Gebirge von Gepäckstücken – Koffer, Kisten, Körbe, Federbetten und lebende Tiere. Ausländer wurden in einem separaten Gebäude abgefertigt.

Es handelte sich allerdings weniger um eine Abflughalle als um eine Wartehalle. Unser Flug nach Orenburg war für 10.15 Uhr angezeigt, er wurde in mehreren Etappen auf 15 Uhr verschoben. Dann warteten wir weitere zwei Stunden am Gate. Nachfragen waren zwecklos. Die Flughafenbesatzung schnauzte uns an, als wir langsam ungehalten wurden. Ein Sachse im Zorn soll ja schrecklich sein. Da wir die Wartezeit geschickt mit dem Leeren einiger Wodkaflaschen überbrückt hatten, konnten wir uns letztendlich bremsen und so der deutsch-sowjetischen Freundschaft einen großen Dienst erweisen.

Erst als die Dämmerung hereinbrach, startete unsere Maschine. Wahrscheinlich sollte man die Flugzeuge nicht bei Tageslicht betrachten. Nach drei Stunden Flug Landung am Rande der Zivilisation. Danach noch vier Stunden Fahrt durch die nächtliche Steppe. Steppenfuchs und Erdhörnchen wunderten sich. In dieser Gegend waren noch nie Leipziger Kabarettisten aufgetaucht.

Kurz vor Aksai ragten 60 Bohrtürme in den sternenklaren Himmel. Über einem Rohr wurde austretendes Gas abgefackelt. Die Flamme zuckte gelb gegen den dunkelvioletten Himmel. Er schien hier viel höher zu sein, und die Sternbilder lagen schräg. Der Große Wagen fuhr flach über den Horizont, Kassiopeia und Kleiner Wagen stachen förmlich ins Auge.

Gegen ein Uhr waren wir endlich da. Auf uns wartete ein großes Abendbrot. Das war nach dem Frühstück – und der Flüsssignahrung – unsere zweite Mahlzeit an diesem Tag. Im Fernsehen lief ein Video von »1199«, der neuen Jugendsendung aus Adlershof. Erfrischend, wie sich junge Menschen professionell und unerschrocken in kürzester Zeit einen Namen gemacht hatten als »Tabukiller«. Bis drei hielten wir es noch aus auf roh behauenen Bänken. Wir tranken »Stierblut«, am Horizont sahen wir ein unnatürliches Leuchten. Wie wir später erfuhren, sollte es aus Semipalatinsk, von einem Atomwaffenversuchsgelände, kommen.

Am nächsten Tag fuhren wir nach der Probe mit einem »Trassenbus« in die kasachische Steppe. Die Trassenbusse waren orange, hatten etwa 20 Sitze und am Heck eine ovale Scheibe. Sie sahen aus wie ganz normale Busse. Das waren sie aber keineswegs. Sie konnten Wasserläufe durchqueren, Schlammstraßen meistern und ohne nennenswerte Schäden durch kraterähnliche Schlaglöcher fahren.

In der Steppe fanden wir hartblättrige aromatische Pflanzen, die von dunklen Schafen und Rindern abgeweidet wurden. Manchmal trieben Windstöße kugelförmige Dornenbüsche über den trockenen Boden. Irgendwo blieben sie liegen, und wenn es einmal regnete, wurzelten sie sich ein, wo sie gerade lagen. Auf einem kleinen Kalksteinhügel fanden wir »Donnerkeile« – wir spazierten über den Grund eines Urmeeres.

Achmed, ein kasachischer Hirte, bewachte hier vom Pferd aus seine 1000 Schafe. Als er zwei von uns auf seinem Wallach reiten ließ, erstarrten die Schafe vor Schreck. Die Steppe zog sich in leichten Wellen bis zum Horizont hin. Ab und zu gab es ein Wadi mit Bäumen und Gras. Sogar einen kleinen See fanden wir, den »Silbersee«.

Am Abend standen zwei Vorstellungen auf dem Programm, 19.30 und 22.00 Uhr. Die erste Vorstellung lief großartig, die zweite – mit 28 Zuschauern – war lahm. Trotzdem waren wir erst gegen 24.00 Uhr mit dem Abbau fertig. Am nächsten Morgen wurden wir Punkt fünf geweckt, weil halb sieben die Vorstellung für die Nachtschicht begann. Das ist die rechte Zeit für einen Kabarettisten! Alle Szenen kamen aber erstaunlich gut an, obwohl unter den Zuschauern Wermutwein-, Bier- und Schnapsflaschen kreisten. In der ersten Reihe saß ein stämmiger junger Mann, mit einem Netz voller Bierflaschen, die er im Laufe der Vorstellung austrank. Trotzdem reagierte er sensibel auf jede politische Anspielung. »Die Trasse macht hart«, eine gängige Redewendung, müßte ergänzt werden: »Und sie macht hellhörig.«

Nach dem Frühstück Abfahrt nach Aksai, einer typischen Steppenstadt mit 14 000 Einwohnern, mit Holz-

und Lehmhäusern, die tief in die Erde hineingebaut sind. Und mit Neubaublöcken für 80 000 Menschen. Die Fabriken, in denen die Menschen arbeiten sollen, waren noch nicht gebaut!

Auf dem Bohrfeld konnten wir uns von der Überlegenheit der sozialistischen Technik überzeugen: Ein Bohrkopf aus sowjetischer Produktion durfte schon nach fünf Stunden in den Ruhestand gehen, einer aus der DDR nach 20 Stunden, ein amerikanischer muß sich dagegen 120 Stunden plagen. Hier wurde in 5 000 Meter Tiefe nach Gas gebohrt. Egon, der Bohringenieur aus Mecklenburg, hatte seine Brigade voll im Griff. Wer betrunken zur Schicht kam, mußte 2 000 Mark zahlen.

Wiesen, Birken und Sumpf zogen am Zug vorüber – endlose Stunden der Rückreise. Die Bahnhöfe trugen statt der Ortsschilder nur Kilometerangaben: »103 km«. So weit war es noch bis Moskau. Das Mittagessen im Zug war schlecht. Die *deschurnaja* servierte ein Huhn, das vermutlich in der Großen Sozialistischen Oktoberrevolution wegen seines Alters verschont worden war.

Außerhalb der großen Städte tummelten sich in Birkenwäldchen die Datschas der Funktionäre, die hier eine eigenartige Form hatten, sie ähnelten Holländerhauben. In einem Nebenfluß der Wolga stauten sich kilometerlang riesige Flöße. Als wir Gorki erreichten, atmeten wir auf: 35 Minuten Aufenthalt. Wir stiegen aus und suchten einen Kiosk. Wir fanden keinen. Glück im Unglück: nach acht Minuten fuhr der Zug ohne Warnung plötzlich weiter. Wir liefen nebenher, sprangen im letzten Augenblick auf. Pünktlich um fünf waren wir in Moskau, aber der Flughafen-Imbiß öffnete erst um acht.

Mein 54. Flug, der mich zurück zu meiner Familie bringen sollte, begann ganz normal. Aber nach etwa einer Stunde gerieten wir in starke Turbulenzen. Der Pilot ging auf 7300 Meter herunter. So etwas hatte ich noch nicht erlebt: Wir wurden geschüttelt, als hätte uns eine Riesenfaust gepackt. Das Flugzeug machte horizontale und vertikale Sprünge. Meine Kollegin griff wortlos nach meiner Hand. Sie klammerte sich daran fest. Tränen strömten über ihr Gesicht. Ich dachte an meine Frau und die Kinder. Wir tauchten in eine Nebelbank. Es rumpelte. Dann war es still.

Plötzlich wie aus weiter Ferne eine Stimme: »Wir begrüßen Sie in der Hauptstadt der DDR, auf dem Zentralflughafen Berlin-Schönefeld. Sie sind pünktlich gelandet. Es ist zehn Uhr und zwanzig Minuten Mitteleuropäischer Zeit.« – Daheim unter der Käseglocke.

1300 Kilometer im Sattel

Was unternahm ein DDR-Bürger, wenn er plötzlich in den Besitz von Devisen gelangte? Als erstes mußte er nachweisen, daß er sich nicht eines »Devisenvergehens gegen die Deutsche Demokratische Republik« schuldig gemacht hatte. Das heißt, er hatte zu beweisen, daß er keine Manuskripte illegal in den Westen gebracht und dort veröffentlicht oder etwa heimlich Meißner Porzellan dorthin verkauft hatte.

Ganz anders verhielt es sich natürlich, wenn der Bürger des ersten Arbeiter- und Bauernstaates auf deutschem Boden das Geld von der Sparkasse in der Leipziger Schillerstraße im Tausch gegen seine »lumpige Ostmark« bekam. Ja, man brauchte die hart erarbeiteten Alu-Chips nicht mehr zum Schwindelkurs der »Revanchisten« schwarz zu tauschen. Die »lumpige Ostmark« war plötzlich etwas wert. Man konnte sich einen gebrauchten Toyota mit Allradantrieb kaufen, einen mittelgroßen Farbfernseher, oder man nahm sein Fahrrad, setzte sich in einen Zug nach Saarbrücken und durchquerte Frankreich auf dem Sattel.

Zu einer solchen Tour startete ich mit vier Begleitern am 1. August 1990. Wir waren alle noch im Besitz eines blauen DDR-Passes, den wir seit November 1989 stolz unser eigen nannten. Und wir hatten natürlich keine Ahnung, was unsere keineswegs lumpigen Westmark eigentlich wert waren. Außerdem hatten wir gehört, daß die Franzosen Ausländern gegenüber, die nicht fließend französisch sprachen, zumindest ziemlich abweisend wären.

Das alles erhöhte die Spannung einer Fahrt ins Ungewisse. Wir hatten zwar einen groben Plan, wonach wir innerhalb von 11 Tagen Frankreich von Saarbrücken bis Nantes und von Nantes bis St. Malo an der atlantischen Küste durchradeln wollten, besaßen aber weder geeignete Karten, noch hatten wir mit einer mörderischen Hitze von über 30°C im Schatten gerechnet. Zumal es auf französischen Landstraßen absolut keinen Schatten gab. Und wir hatten von Alleen geträumt. Aus war der Traum!

Aber zurück nach Saarbrücken. In der Abendsonne schoben wir unsere Räder über den Bahnhofsvorplatz, und schon das erste Straßenschild kam uns vertraut vor: Karl-Marx-Straße. Wir überquerten die Saar auf der Luisenbrücke, fuhren durch Alt-Saarbrücken und überwanden den ersten Anstieg unserer Radtour mit Bravour. Wir waren auf dem Campingplatz am Spicherer Berg, 270 Meter über dem Meeresspiegel. 200 Meter hinter den Zelten war die deutsch-französische Grenze, und die Spicherer Höhen lagen bereits »drüben«.

Nachdem wir am nächsten Morgen schon mal eine *rue* entlanggeradelt waren, fanden wir uns plötzlich mit einem Straßenschild konfrontiert, das nicht sehr französisch wirkte: Zum Zollstock. Wir waren demnach wieder auf der deutschen Seite. Eine Grenze zu passieren, ohne daß man es bemerkte – eine schöne neue Erfahrung.

Dann steuerten wir konsequent West-Süd-West. Unser Tagesziel war Pont-à-Mousson an der Mosel, läppische 86 Kilometer laut Plan. Höhenunterschied nicht mehr als 200 Meter. Das bedeutete natürlich nicht, daß unsere Diamant- und Mifa-Räder ohne Gangschaltung nicht beträchtliche Hügel zu erklimmen gehabt hätten. Pont-à-Mousson besitzt eine Prämonstratenser-Abtei mit drei ganz raffinierten Treppen, die deutschen Ursprungs sein sollen. Wer hätte das gedacht.

Bis zum Mittag, den wir gegen 14.00 Uhr für gekommen hielten, hatten wir jeder zwei Literflaschen Wasser ausgetrunken. Das Mittagessen – so hatten wir es uns in Deutschland-Ost vorgestellt – sollte eine französische Zwiebelsuppe mit duftenden Baguettes sein. Da hatten wir aber die Rechnung ohne den Wirt gemacht. Die Dörfer, die wir bei glühender Hitze erreichten, waren wie ausgestorben. Und im einzigen Bistro des Ortes gab es die französischen Nationalgerichte *le sandwich* und *le hot-dog*.

Kurz vor dem Ziel verließen uns die Kräfte. Am Rand eines abgeernteten Feldes schlugen wir unsere Zelte auf. Waschen konnten wir uns in einem nahen Bach, der eiskalt und etwa 20 Zentimeter tief war. Glücklicherweise hatten wir noch zwei Flaschen Wasser und eine Flasche Rotwein! Die Nachtruhe wurde durch eine plötzlich hereinbrechende Stille gestört, die einen Stadtmenschen wirklich völlig verunsichern kann.

In den Morgenstunden hörten wir schlurfende, dann trippelnde Schritte hinterm Zelt. Jemand schmatzte und nieste ganz verhalten. Meine Frau meinte, ich solle nachsehen, was das sei. Als konfliktscheuer Sachse mußte ich das Ansinnen jedoch entschieden ablehnen. Beim Aufstehen sahen wir die Bescherung: ein Igel hatte unsere Vorratstüte angefressen – der Pfeffer war weg!

Erst gegen Ende der Tour entdeckten wir durch einen Zufall den ultimativen Mittagstisch für Radwanderer. Wir hatten gerade einen kleinen Ort verlassen, als wir bemerkten, daß der Wasservorrat für den Rest der Tagesetappe nicht reichen würde. Ein relativ unscheinbares Gasthaus an der Landstraße trug ein kleines Schild. Was darauf stand, weiß ich nicht mehr, nur das Wort *routier*, Fernfahrer, hat sich bei mir festgehakt. Also offensichtlich eine Raststätte für Brummikapitäne.

Unsere Absicht, Wasser zu holen, führte zu einem ausgiebigen Mittagessen mit vier Gängen und einem halben Liter Wein. Kostenpunkt 18 DM! Auch die *routiers* tranken Wein. Allerdings mit Wasser verdünnt. Dabei ertappte ich einen jungen Mann, als er Wein ins halbvolle Wasserglas goß. Wahrscheinlich war er kein Franzose.

Von Orléans bis Saint Malo

Der erste Ruhetag unserer Frankreich-Radtour überfiel uns nach der dritten Etappe. Eigentlich war kein Ruhetag vorgesehen, denn wir wollten die 1300 Kilometer von Saarbrücken nach Saint Malo über Orléans, Nantes und Rennes in elf Tagen schaffen. Das schien uns nicht zu knapp geplant. Es gab nur drei Etappen, die länger als 100 Kilometer waren. Schon nach 300 Kilometern würden wir an der Loire sein und am Fluß entlangradeln, was angenehm abwechslungsreich und erfrischend zugleich werden würde – dachten wir.

Nicht eingeplant hatten wir das zentraleuropäische Klima des Sommers 1990, die Ungenauigkeit der in der DDR verfügbaren Karten, Erschöpfungszustände von Mensch und Maschine, zwei Reifenpannen, verlorene Ausrüstungsgegenstände, Baguettes, die in die Speichen gerieten, Rotweinbeschaffungsfahrten vom Zeltplatz ins Dorf und einen fast ausgetrockneten Fluß an unserer Seite, der mit endlosen Sandbänken selbst das Auge ermüdete.

Also mußten wir nach drei Tagen eine Zwangspause einlegen, um Reiter und Roß wieder in einen gebrauchsfertigen Zustand zu versetzen. Außerdem schien der *Lac de la Forêt*, der Waldsee, nach den Strapazen der ersten drei Tage wie für uns geschaffen. Wir waren morgens gegen zehn losgefahren und hatten mittags schon einen leichten Sonnenstich. Handrücken und Nacken waren verbrannt und schlugen Blasen. Die Handflächen trugen das Muster der Lenkermuffen.

Unsere Söhne hatten an Berghängen bereits Stehversuche gemacht, da sie uns aus moralischen Gründen nicht überholen wollten. Wenn wir gegen 14 Uhr unsere erste Krise hatten, fragten sie teilnahmsvoll, ob sie vielleicht schon mal ins nächste Dorf vorausfahren sollten, um Wasser zu kaufen. Gebraucht hätten wir Feuerwasser, um das Blei in unseren Beinen zu schmelzen.

Die kleinen Orte, durch die wir fuhren, erinnerten uns manchmal an mecklenburgische Dörfer. Allerdings sprachen hier alle Menschen französisch. Und sie waren sehr daran interessiert, etwas über Ostdeutschland zu erfahren, das noch DDR hieß, aber bald als solche von den Landkarten verschwinden würde. Die Menschen dieses »zänkischen Zwergstaates an der Ostgrenze Chinas«, wie es in einem zeitgenössischen Witz hieß, lebten jedoch weiter dort. Sie würden bald gesamtdeutsche Kfz-Kennzeichen erhalten und eine Postleitzahl, die mit Null beginnt. Und damit wären sie voll integriert.

Natürlich war es schwierig, einem Zeltplatzverwalter in Châteauneuf zu erklären, wie eine FDGB-Frauentagsfeier ablief und welche Bedeutung der Brigadetitelkampf in einem volkseigenen Kombinat gehabt hatte. Aber alle sprachlichen Durststrecken wurden überwunden, am besten mit Hilfe einer 1,5-Liter-Flasche roten Landweins.

Übrigens durchquerten wir auf der Fahrt von Châteauneuf nach Beaugency die Stadt Orléans am nördlichsten Punkt der Loire, nicht ohne die Fahrräder vor der Heiligkreuz-Kathedrale zu parken, um einen Blick auf die beeindruckenden Holzschnitzereien vom Anfang des 18. Jahrhunderts und in die Krypta mit den Spuren der drei Vorgängerkirchen zu werfen. Dabei erfuhren wir, daß die Stadt nicht nur durch eine inzwischen 600 Jahre alte Jungfrau berühmt geworden war, sondern auch durch eine Universität, die noch 100 Jahre älter ist.

Die längste Etappe unserer »kleinen Friedensfahrt« führte von Nantes nach Rennes. 1828 wurde Jules Verne, dem die Stadt ein Museum gewidmet hat, in Nantes geboren. Wir fühlten uns zwar nicht wie die Helden aus der »Reise um die Erde in 80 Tagen«, aber ganz schön mutig waren wir schon. Bei einer steifen Brise aus dem Norden schwangen wir uns in den Sattel und strampelten immerhin 131 Kilometer gegen den Wind bis nach Rennes, der alten Hauptstadt der Bretagne. Nun trennten uns nur noch 80 Kilometer vom Golf von Saint Malo, dem Ziel unserer Radtour.

Eine französische Journalistin, Vera Kornicker, die als Korrespondentin von *Le Figaro* zur Frühjahrsmesse in Leipzig gewesen war, hatte uns eingeladen. Ich hatte ihr bei ihrer Arbeit helfen können, und sie wollte uns dafür gern in ihrer Zweitwohnung beherbergen.

Wir erreichten die Altstadt von Saint Malo, die auf einer Felseninsel vor der bretonischen Küste liegt und von einer zehn Meter hohen Stadtmauer umgeben ist, am späten Nachmittag. Aufgeweicht wie Kekse im Milchkaffee warteten wir vor dem Tor des Heiligen Thomas auf Vera. Wir hatten 77 Regenkilometer in den Beinen. Plötzlich blitzte es neben uns und vor uns. Und aus dem Gewitter trat Vera. Sie begrüßte uns und stellte uns den Fotografen vor – einen Kollegen.

Auch wenn wir uns in den nächsten Tagen nicht auf dem Titelblatt von *Le Figaro* wiederfanden, ging das Leben weiter. Es bestand aus Wanderungen um die Stadtmauer, Baden im Gezeitenschwimmbecken und Gesprächen über den Herbst 1989.

Das Gezeitenschwimmbecken war eine kleine Bucht, durch die eine Mauer gezogen war, so daß das Wasser bei Ebbe nicht ins Meer zurückfließen konnte. Bei Flut steigt das Wasser um etwa acht Meter, bei Springfluten sogar um fünfzehn. Da das aber nur bei Voll- und Neumond geschieht, erlebten wir keine Springflut.

Unser Lieblingsrestaurant war die *Crêperie Chantal*, wo es Meeresfrüchte gab, die wirklich direkt aus dem Meer kamen. Sie lagen noch zwischen Algen und Meertang. Hier ließ es sich auch wunderbar über die Unterschiede zwischen der Französischen Revolution von 1789 und der friedlichen im Leipzig des Jahres 1989 diskutieren. Wir einigten uns darauf, daß das Emanzipationsstreben gegen absolutistische Herrschaftsmethoden und ein drohender Staatsbankrott zur Staatskrise geführt hatten. – In Frankreich wurde die Revolution nach zehn Jahren durch den Staatsstreich von Napoléon Bonaparte beendet ...

Auf den Spuren der Bibel

Ankunft in Jerusalem. Die Straßen waren voller Menschen. In der Altstadt, die eine acht Meter hohe Mauer umschließt und in die man nur durch sieben Tore gelangt, fanden die üblichen Prozessionen statt. Touristen in bunten Hemden und modischen Shorts trugen ein Holzkreuz, die Köpfe gesenkt und unter Absingen von Klageliedern, über die Via Dolorosa zur Grabeskirche Christi. Drinnen segnete ein Priester den Salbungsstein, auf den Jesus nach der Kreuzabnahme gelegt worden sein soll. Verschiedene Glaubensgemeinschaften teilen sich in das Innere des Heiligen Grabes: die römisch-katholische, die griechisch-orthodoxe, die armenische, die koptische und die syrisch-orthodoxe. Abessinische Mönche haben dort ihre Zellen und eine Kapelle auf dem Dach der Kirche.

Ein Blitzlichtgewitter umgab den griechisch-orthodoxen Priester. Es roch nach Weihrauch und gestärkten Hemden. Ich ließ mich von dem Schub der Menschenmenge vorwärts treiben. So gelangte ich an alle wissenswerten Informationen und durch eine Seitentür wieder ins Freie. Jerusalem besteht heute aus dem armenischen, dem christlichen, dem arabischen, dem jüdischen Viertel sowie dem Tempelbezirk mit dem Felsendom auf dem Berg Moriah und der El-Aqsa-Moschee, die unter palästinensischer Verwaltung stehen.

Unvermittelt geriet ich in eine Art Tunnelsystem

unter der Altstadt, den Basar. Er ist so, wie sich der Mitteleuropäer einen Basar vorstellt: Meist liegt er im Halbdunkel, Tageslicht dringt nur von oben herein. Geräusche und Gerüche verraten den Orient. Verschleierte Frauen mit unzähligen kleinen Kindern, Männer mit Gebetskette oder mit Turban drängten sich vorbei. Sogar ein Fez-Träger, ein alter Herr mit der dunkelroten Filzkappe des alten Türkenreiches, schlurfte an mir vorüber. Und überall israelische Soldaten mit Maschinenpistolen.

Die Besitzer der Gewölbe sind meist Araber. Zweimal versuchte ich mich im Feilschen, weil die Händler sonst beleidigt sein würden. Doch mir mangelt es offenbar an Talent, oder dem Gewürzhändler war vielleicht das Wort »feilschen« nicht bekannt. Jedenfalls blieb der Preis wie angezeigt. Ich war trotzdem hoch zufrieden, denn für 20 Mark hatte ich Gewürze erstanden, die mir zwar fremd waren, die aber überwältigend rochen. Der Gewürzmann war ebenfalls zufrieden. Er bat mich, ihm nach hinten zu folgen, ins Halbdunkel des Gewölbes. Ich zögerte. Er lächelte aber so einladend, daß ich alles vergaß, was mir gerade noch durch den Kopf gegangen war, und ihm folgte.

Ich bereute es nicht. Er bot mir einen Kaffee an, »Beduinenkaffee«. Aus einem Mokkabecher *made in China* trank ich mit Kardamom gewürzten schwarzen Kaffee. Er soll den Kopf frei machen und den Körper entspannen. Er tat es. Auf die Frage des Händlers, woher ich käme, antwortete ich wahrheitsgemäß: »Aus Leipzig-Gohlis.« Was ihm ein anerkennendes »Ach so!« entlockte.

Dann fragte er mich, ob es stimme, daß Kanzler Kohl wirklich soo dick sei. Dabei streckte er die Arme nach vorn und winkelte die Hände nach innen. Da er etwas größer war als ich, konnte ich die Frage verneinen und streckte meine etwas kürzeren Arme aus: »Nur soo dick!« Damit war unsere politische Diskussion beendet, und ich trollte mich mit freiem Kopf und einem Beutel voller Gewürze in das Gewirr der Gassen.

Um ein Haar hätte ich einen Karren umgerissen, der von einem Maultier durch die reichlich zwei Meter breite Gasse gezogen wurde. Lieferfahrzeuge dürfen nicht in den Basar. Kaum hatte ich mich von meinem Schreck erholt, da sah ich bei einem Metzger abgezogene Hammelköpfe mit aufgerollten Zungen. Fast schien es, als wollten sie im nächsten Augenblick wie Jahrmarktsfiepen mit einem schrillen Laut nach vorn schnellen. Das taten sie zum Glück nicht, und ich ging meines Weges.

Der führte mich vor die Tore der Altstadt zur Stadt Davids. Meinen Kollegen Rainer Vothel und mich plagte der Gedanke, in Jerusalem gewesen zu sein und die Wiege der Stadt nicht gesehen zu haben. Die Davidsstadt entstand im 10. Jahrhundert vor Christi. Das war natürlich schon eine Weile her. Aber warum sollten wir nicht noch irgend etwas aus dem »König-David-Bericht« finden? Vielleicht einen Schatzbrief aus der Bundeslade ...

Statt dessen fanden wir nur die Reste eines unterirdischen Wasserkanals, durch den König Hiskia um 700 v. Chr. Wasser von der Gichon-Quelle außerhalb der Stadtmauern zum Shiloach-Becken innerhalb der Befestigung leitete. Dadurch konnte die Stadt der Belagerung der Assyrer widerstehen.

Im Jahre 1099 jedoch eroberten die Kreuzritter Jerusalem. Moslems und Juden wurden abgeschlachtet. Das

Königreich bekam einen blonden Monarchen ... Französisch wurde Umgangssprache, man betete lateinisch. Nach 460 Jahren moslemischer Herrschaft wurden christliche Klöster und Kirchen errichtet, darunter auch die Kirche des Heiligen Grabes. Sie ist heute ein Wallfahrtsort. Jesus Christus als Top-Adresse der Tourismus-Branche.

Woher kommen die Jaffa-Orangen?

In Leipzig-Gohlis kaufe ich nicht nur Brot, Butter, Käse und Wurst, sondern auch Apfelsinen. Beim Abwiegen fragte ich, was der schwarze Aufkleber mit der gelben Schrift verheiße. »Jaffa« steht darauf. »Aus Jaffa!« lautete die Antwort, oder »Von der Firma Jaffa«.

Das reichte mir nicht. Ich schlug im alten Brockhaus nach: »Stadt in der türk. Provinz Syrien ... Berühmt sind die schönen Orangengärten.« Da haben wir es. Jaffa ist ein Ort. – Ein Ort, der an Tel Aviv grenzt und seit 1950 von der Hauptstadt Israels verwaltet wird.

Als wir in Tel Aviv gastierten, versuchten wir, mit einem Bus dahin zu gelangen. Es gelang uns nicht, da wir in der Nähe des Karmelmarktes waren und die richtige Haltestelle nicht finden konnten. Dafür fand ich eine Apotheke, wo ich etwas gegen meine Halsschmerzen kaufen wollte. In Leipzig heißen die Tabletten Neoangin. Der Name rief bei der Apothekerin in Tel Aviv nur ein Stirnrunzeln hervor. Ich zeigte auf meinen Hals und gab einen röchelnden Laut von mir. Dann verzog ich vor Schmerzen das Gesicht. Sie erschrak und wich in einen Nebenraum zurück. Entmutigt wollte ich gehen. Im selben Augenblick kam die dunkeläugige, weißbekittelte Apothekerin zurück und überreichte mir mit fragendem Gesichtsausdruck eine Schachtel. Genau die Dragees, die ich suchte, allerdings gelb statt rot. Doch die Wirkung war die gleiche. Nach zwei Tagen kehrte die verlorengeglaubte Stimme zurück.

Ein Taxi brachte uns an diesem Tag doch noch nach Jaffa, bis zur Peterskirche, deren dreistöckigen Glockenturm man von Tel Aviv aus weit übers Meer ragen sieht. Die Stadt soll den ältesten Hafen der Welt besitzen und vor 6000 Jahren gegründet worden sein. Das sieht man ihr nicht an. Ausgrabungen weisen Siedlungsreste aus dem 16. Jahrhundert v. Chr. nach. 1799 wurde die Stadt von Napoleon eingenommen, viele seiner Soldaten starben später an der Pest.

Heute kommen die Touristen in friedlicher Absicht, viele von ihnen machen einen Gemeindeausflug. Man trifft sie in den engen Gassen der Altstadt oder auf einer Terrasse mit dem Denkmal für die Kriegsgefallenen, das als freistehendes Tor mit seinen Reliefs entfernt an Inkakunst erinnert. Als wir die Treppen zum Denkmalsplatz hinaufstiegen, hörten wir plötzlich: »Da kommen doch unsere Sachsen!« Wir wurden herzlich begrüßt von einer Reisegruppe aus Dresden, Mitglieder der evangelischen Gemeinde von Trachau, in deren Kirche ich 1958 konfirmiert wurde!

Die Straßenschilder in Jaffa sind aus glasierter Keramik und zeigen Fische, Zwillinge, Steinböcke. Manche der im orientalischen Stil gehaltenen alten Häuser haben einen hölzernen Erker, der das gegenüberliegende Haus fast berührt. Als wir durch einen Bogen in eine etwas breitere Straße einbogen, schwebte vor uns ein Baum. Sein Stamm war etwa 15 Zentimeter dick, und er stand in einem steinernen Gefäß von fast 2 Metern Durchmesser, das an Stahlseilen etwa 150 Zentimeter über der Erde schwebte. An seinen Zweigen hingen kleine Orangen. Das war der Beweis! Die Jaffa-Orangen kommen wirklich von hier.

Wir erreichten das arabische Viertel mit schönen

großen Häusern, die fast alle leer standen. Die Fenster waren mit Brettern vernagelt. Manche Gebäude waren verfallen. Die Araber waren 1948 nach dem verlorenen Krieg von hier geflohen. Die Häuser sind noch immer ihr Eigentum.

Die meisten Geschäfte waren geschlossen. Es war Freitag, 16.00 Uhr, der Sabbat begann. Wir gingen über den Flohmarkt, wo die Stände schon abgebaut waren. Überall lagen unverkäufliche Reste und Müll. An einer Ecke türmte sich ein Haufen Bücher auf der Erde. Die meisten in deutscher Sprache: Goethe, Schiller, Thomas Mann, George Bernard Shaw in der ersten deutschen Übersetzung. Die erste ungekürzte Ausgabe von D. H. Lawrences »Lady Chatterley's Lover« einschließlich der Gerichtsprotokolle, die zur Aufhebung des Verbots in den Vereinigten Staaten führten. Gedruckt in Jerusalem im Jahre 1959. Als wir weitergingen, fiel mein Blick auf »Wilhelm Meisters Wanderjahre« …

Sabbat

So wie im Alten Testament der siebente Tag der Woche geheiligt wird, so ist der Sabbat der Tag der Ruhe bei den gläubigen Juden. Er beginnt am Freitag mit der Abenddämmerung und endet am Samstagabend. Orthodoxe Juden arbeiten am Sabbat natürlich nicht, aber sie lehnen auch jede Art weltlicher Tätigkeiten wie das Telefonieren, das Rauchen und das Bedienen eines Fahrstuhls oder das Berühren von Geld ab. In jüngster Zeit gab es immer wieder Demonstrationen orthodoxer Juden, die am Sabbat in Jerusalem die Hauptstraßen blockierten, um den Straßenverkehr zu stoppen. Selbstverständlich darf in Kraftwerken und Krankenhäusern gearbeitet werden, und im Hotel lief am Sabbat zwar die Kaffeemaschine, Toaster und Getränkeautomat waren jedoch abgedeckt. Einer der beiden Fahrstühle war als »Sabbatfahrstuhl« ausgewiesen. Er hielt in jeder Etage, ohne daß man auf einen Knopf drücken mußte. Der Wechselschalter und das Schild »Exchange« in der Empfangshalle waren zugehängt.

Auch darf man am Sabbat nur etwa einen Kilometer zurücklegen, den »Sabbatweg«. Da aber Taxis fuhren, hatten wir uns vorgenommen, am Strand von Herzlia nach phönizischem Glas zu suchen. Der Taxifahrer war Sohn bulgarischer Eltern, die Anfang der siebziger Jahre nach Israel auswanderten. Er fühlte sich heimatlos und wollte in die USA gehen. Noch fehlte ihm aber das nötige Geld.

Der Strand war abgesperrt. Trotzdem suchten Unverbesserliche nach den begehrten blaßgrünen, rundgeschliffenen Glasstückchen. Wir schlossen uns an. Dabei stießen wir auf die Reste einer Kreuzfahrerburg, die ins Meer gestürzt war. Am Steilufer »klebte« die Wohnanlage eines Künstlers. Sie wirkte wie eine Mischung aus mißverstandenem Hundertwasser und Gaudy. Die Ausbeute am Ausschuß der längst versunkenen phönizischen Glasmanufaktur war bescheiden. Bescheiden war auch das Mittagessen im Strandrestaurant: Hühnerschaschlik mit eingelegten Auberginen.

Mit dem Taxi brausten wir zurück nach Tel Aviv. In einer Rechtskurve plötzlich ein Knall, ein Ruck, Glas splitterte, neben uns schlitterte ein Motorrad über den Fußweg. Der Rücksitz, auf dem Stefanie und Bernd-Lutz Lange saßen, war von der zertrümmerten Heckscheibe wie mit Hagelkörnern bedeckt. Das Taxi stand. Wir stiegen aus. Ein junger Mann lag bewußtlos neben dem Wagen, unter dem Sturzhelm sickerte Blut hervor. Der Taxifahrer rief per Funk einen Krankenwagen, die Polizei war schon unmittelbar nach dem Sturz des Motorradfahrers am Unfallort. Denn die Polizisten hatten ihn verfolgt, darum hatte er unser Taxi in der Kurve offenbar rechts überholen wollen und war dabei am Bordstein ins Schleudern geraten und gestürzt. Wir standen hilflos neben dem Auto. Der Unfallwagen kam, der junge Mann hatte das Bewußtsein wiedererlangt und wurde abtransportiert. Die Polizei nahm den Unfall auf, ein Ersatztaxi brachte uns zurück in die Stadt.

Wir hätten uns zum Sabbat doch besser auf den »Sabbatweg« beschränken sollen.

Tucholsky in Tel Aviv

Eigentlich wollten wir schon nach drei Tagen von Tel Aviv nach Jerusalem weiterfahren, aber der »Verband ehemaliger Leipziger« bat uns, doch an der Jahresversammlung teilzunehmen und einen kleinen Beitrag sächsischer Zunge zu leisten. Das war für uns Ehrensache.

Der Abend begann 18.00 Uhr im Frühstücksraum unseres Hotels. Das Durchschnittsalter der Teilnehmer lag bei 75 Jahren. Die meisten hatten Leipzig zwischen 1935 und 1937 verlassen müssen, und nur wenige hatten ihre Heimatstadt inzwischen wiedergesehen.

Nach der Begrüßung folgte eine Rede in gereimter Form, die Anlaß und Vorbereitung des Abends beschrieb. Dann schloß sich ein buntes Programm der ehemaligen Leipziger an, mit Chansons aus den zwanziger Jahren und Texten von Hans Reimann, Kurt Tucholsky und Lene Voigt. Das Programm wird auch in Altersheimen für Deutsche gespielt, »aber es werden ja immer weniger«.

An unserem Tisch saß Hella Israeli, eine Leipzigerin aus der Lessingstraße, die das Konzentrationslager überlebt hatte. Alle ihre Verwandten und Bekannten waren verschwunden, als sie 1945 nach Leipzig zurückkehrte. 1946 ging sie nach Israel. Dort wurde sie nach einer entbehrungsreichen Überfahrt von den Engländern interniert. Ihr Ehemann, ein Weißrusse, war als Zwangsarbeiter Betriebselektriker in den Bavaria-Werken in Schwarzenberg gewesen. 1944 hatte ihn jemand als »Jude« denunziert. Doch der Betriebsleiter schützte ihn vor dem Zugriff des Sicherheitsdienstes, da er als Spezialist unabkömmlich sei! Wenig später gelang ihm die Flucht in die Schweiz. 1946 hatte er das Glück, eins der 1 000 Visa zu erhalten, die für die Einwanderung nach Israel ausgegeben wurden.

Eine 80jährige Dame, die ich an diesem Abend kennenlernte, nannte ein Haus in der Gottschedstraße ihr eigen. Sie war 1935 mit ihren Eltern nach Israel emigriert. Nach der Wende sollte sie das Haus zurückbekommen. Doch konnte sie die notwendigen Dokumente nicht vorweisen, denn die Geburtsurkunden ihrer Mutter und ihrer Tanten waren bei Pogromen in Polen verbrannt. Vielleicht hofft die deutsche Bürokratie ja, daß sich dieses und jenes Problem »biologisch« löst?

Inzwischen gibt es auf Einladung des Oberbürgermeisters jedes Jahr in Leipzig ein Treffen ehemaliger jüdischer Bürger der Stadt. Auch aus Jerusalem waren schon Gäste hier, die wir 1995 kennengelernt hatten. Sie sprechen in Leipziger Gymnasien mit Schülern und fühlen sich versöhnt mit der Stadt, die ihnen doch so viel Schmerz bereitet hat. »Gerade die jungen Menschen sollen nicht vergessen – auch wenn sie selbst frei von Schuld sind.«

Cricket und Solidarität

Wurden wir früher gefragt, ob wir uns vorstellen könnten, in einem anderen Land zu leben, haben wir die Frage meist sehr vorsichtig beantwortet. Einerseits hätten wir schon ganz gern einmal die Staatsgrenze in jegliche Richtung überschritten, ohne dabei erschossen zu werden. Andererseits wußten wir wenig davon, wie es sich wirklich in einem anderen Land lebt. Und wie wir jetzt allmählich merken, waren wir mit dem Leben im anderen Deutschland auch nur oberflächlich vertraut. Der Böhmerwald und Budapest waren uns näher als München und die Nordsee. Außerdem wollten wir hier etwas ändern. Damit hatte sich die Frage ohnehin beantwortet.

Heute fällt die Antwort eindeutig aus: Ja, in jedem Land, in dem wir Freunde haben. Die Einschränkung folgt allerdings auf dem Fuße: Wenn wir in unserem Beruf arbeiten können.

Woher dieser Sinneswandel? Ganz einfach: Wir sind viel gereist in den letzten neun Jahren. In alle Himmelsrichtungen. Und wir hatten das Glück, viele Freunde zu finden. Würde die Anzahl der Freunde und uns geneigter Menschen die Wahl eines zukünftigen Lebensortes bestimmen, dann wäre es ohne Zweifel Großbritannien und mit Sicherheit Schottland.

Wobei die ersten Menschen, die ich im Vereinigten Königreich kennenlernte, keine Schotten waren, sondern Engländer. Und sie waren eigentlich auch keine Engländer, sondern Deutsche. Aber Deutsche hatten sie nicht mehr sein dürfen in einem Land, das in Finsternis versank. So wurden sie Engländer. Und jetzt fühlen sie sich auch als solche.

Fühle ich mich als Deutscher? Nicht in London! Ich reagiere nicht, wenn sich eine deutsche Reisegruppe im Hotel lautstark über die miserable englische Küche ausläßt. Und ich beschimpfe die Gymnasiasten aus München nicht, wenn sie das *Museum of London* schrecklich langweilig finden und lieber Gras rauchen möchten. Ich vermeide es, deutsch zu sprechen, und werde – wenn ich Glück habe – schon mal für einen Spanier gehalten. (Daran hätte Ringelnatz seine helle Freude!) Dann mache ich mich mittelgroß, zupfe bedächtig an meinem Bart und bestelle einen 93er Rioja.

Das wäre früher in London nicht möglich gewesen. Erst seit die Briten Mitglied der vielgeschmähten EU sind, wissen sie den Wein zu schätzen. Sie verweisen zwar stolz darauf, daß in Kent das nördlichste Weinanbaugebiet Europas liege, aber ich habe noch niemanden getroffen, der diesen Wein jemals getrunken hat.

Dabei wird in London nach wie vor viel getrunken. Wein steht allerdings nicht an der Spitze. Was in London über den Tresen geht, ist Bier, Bier und nochmals Bier: Lager und Bitter, Stout und Guinness, Whisky eher in Schottland, wobei der Konsum auf den Britischen Inseln nach Norden hin eindeutig zunimmt. Auf den Shetland-Inseln war ich glücklicherweise noch nicht. Dort müßten die Bewohner eigentlich im Dauerrausch leben. Aber Statistiken hinken, wie man weiß. Allein die Aufzucht der vielen Shetland-Ponys beweist, daß dort gearbeitet wird! Denn die Fohlen werden gleich nach der

Geburt am ganzen Körper bandagiert, damit sie langsamer wachsen.

Das Problem beim Trinken besteht in der Beschränkung der Zeit, die dafür zur Verfügung steht. In England fordert Punkt 23 Uhr die Stimme des Wirts unerbittlich zur letzten Bestellung auf. Trinken muß also gut vorbereitet und effektiv ausgeführt werden. Es ist harte Arbeit. Auf jeden Fall kein Vergnügen!

Ebensowenig Vergnügen bereitete uns die Beobachtung eines Cricketspiels an einem heißen Sommertag im Londoner Stadtteil Finchley. Wir waren im Jüdischen Museum gewesen, das eine Busstunde von der City in einem modernen jüdischen Gemeindezentrum untergebracht war. Als einzige Besucher fühlten wir uns etwas verloren zwischen all den Dokumenten über das jüdische Leben im London der letzten 300 Jahre.

Zum ersten Mal erfuhren wir etwas über die Geschichte der Juden in England, die geprägt war von Einwanderung und Vertreibung, dem Kampf um Anerkennung als gleichberechtigte Bürger und sozialem Aufstieg bis in höchste Regierungsämter. Auffällig waren die Parallelen zur deutschen Geschichte bis 1933.

Eigenartig berührte uns die Tatsache, daß die jüdischen Anarchisten in London von dem nichtjüdischen Deutschen Rudolf Rocker angeführt wurden.

Anarchisch ging es auch auf dem *Cricket Field* zu. Ein Spieler warf mit aller Kraft eine Art Tennisball nach dem gegnerischen Spieler. Er traf aber nicht. Aus Rache schlug dieser mit einem Holzschläger den Ball weit weg. (Der Schläger ähnelte übrigens dem Gerät, mit dem Bäcker Ziegenbalg in meiner Kindheit die Brote aus dem Backofen geholt hatte.) Dann lief er hinterher. Der Ball war weg. Die wenigen Zuschauer jubelten. Das Verhalten der 22 Spieler und zwei Schiedsrichter auf dem Rasen blieb uns rätselhaft. Sie waren in geheimnisvoller Funktion über das ganze Spielfeld verteilt. Plötzlich stürmte einer aus unerfindlichen Gründen davon und kam mit dem Ball in der Hand zurück. Außerdem standen sich zwei kleine, 50 Zentimeter hohe Tore gegenüber: drei gartenschlauchdicke Stäbe, auf denen ein vierter ruht. Irgendwie hatten wir den Eindruck, daß der Werfer des Balls das Tor zu treffen suchte, was ja bei Ballspielen häufig vorkommen soll.

Es war jedenfalls ein ziemliches Gerenne, wobei ich es ungerecht fand, daß der Mann mit dem Brotschieber Knieschützer hatte wie ein Eishockeytorwart und dadurch nicht so schnell laufen konnte. Glücklicherweise hatten sie ihm dazu nicht noch Schlittschuhe verpaßt.

Wir konnten auch keinerlei Fortschritt des Spiels ausmachen. Es gab zwar eine Anzeigetafel, aber die Zahlen, die darauf erschienen, machten unsere Verwirrung perfekt. Also gingen wir nach einer halben Stunde. Später erfuhren wir, daß internationale Spiele manchmal mehrere Tage dauern.

Wir landeten in einem Restaurant an einer Landstraßenkreuzung, dem *Manor Cottage*. Hunger und Durst waren enorm. Aber es war fünf nach drei. Und das bei den puritanischen Öffnungszeiten! Nur zwischen 10.30 und 15.00 Uhr sowie zwischen 17.00 und 23.00 Uhr bestand am Sonntag die Hoffnung, Gaumen und Kehle in öffentlichen Restaurationen zu laben. Wer fünf Minuten zu spät kommt, den bestraft der freundlich-abweisende Wirt.

An der Theke saßen noch zwei Männer. Jeder hatte drei Glas Porter vor sich stehen. Wir erinnern uns: Trinken muß gut vorbereitet sein! Die beiden wollten – und durften – nach Ausschankschluß in Ruhe austrinken. Die Enttäuschung hatte mein Gesicht offenbar in einem Maße gezeichnet, daß mir von einem der Männer sofort ein Glas der auf Lager stehenden Porter angeboten wurde. Ich griff nach der Brieftasche. Aber der vielleicht dreißigjährige Arbeiter winkte ab und schob mir mit seiner schwieligen Hand das Bier rüber. Ich trank auf seine Gesundheit und hoffe, daß es ihm gut geht.

Highgate Cemetery

Die Julisonne brennt auch in London. Was macht man da? Baden gehen! Aber wohin? Natürlich gibt es eine erkleckliche Anzahl von Hallenbädern. Doch danach stand uns nicht der Sinn. Eher nach einem See oder einem Fluß. Schwimmen in der Themse erinnerte uns fast an ein Bad in der heimischen Pleiße. Und im Hyde-Park-Teich tummelten sich nur Enten. Wo ist es kühl und schattig? – Auf dem Friedhof!

Wenn wir im Osten Deutschlands nichts von London wußten, so kannten wir doch einen Ort: Den *Highgate Cemetery* mit dem Grab von Karl Marx, der uns nach der Wende noch den Satz hinterherschickte: »Entschuldigt, Genossen, es war nur eine Idee.« Als wir uns nach einer Führung erkundigten, erfuhren wir, daß es auch möglich sei, den seit 1975 geschlossenen Teil des Friedhofs auf der anderen Seite der *Swains Lane* zu besuchen.

Eine schwere Kette mit großem Schloß sperrte das schmiedeeiserne Tor ab. Kreischend öffnen sich für uns die Flügel. Das helle Sonnenlicht war verschwunden: hohe Bäume, dichte Büsche und wuchernde Efeuranken. Über den Hügel des Weißen Adlers führt der Weg hinunter zur Ägyptischen Avenue, dem Libanesischen Rondell und den Terrassen-Katakomben, die nach römischem Vorbild entstanden. Beeindruckend ist das Mausoleum des »Observer«-Eigentümers Julius Beer, der aus Frankfurt kam und 1880 hier starb. Es steht am höchsten Punkt des Friedhofes und hat Herrn Beer nicht nur ein Vermögen gekostet, sondern auch seinen Glauben. Als Jude durfte er nicht auf geweihtem Grund bestattet werden. Er mußte also kurz vor seinem Tod noch Anglikaner werden.

Es gibt an einem überwucherten Weg auch Grabstätten für »Fremdgläubige«, für *Dissenters*. Hier liegen die Eltern von Charles Dickens, die Methodisten waren, und der Physiker Faraday, dem wir den ersten Dynamo verdanken.

Die berühmtesten Grabstätten gehören der Familie Dickens (der große Charles ruht natürlich als Ausnahme in der Westminster Abbey), John Galsworthy und der Familie Rosetti, die aus Italien emigrierte und deren Gräber nicht zugänglich sind, weil sie heute noch von der Familie gepflegt werden.

Aber auch Queen Victorias Pferdeschlächter und der letzte barfäustige Preisboxer der Insel liegen hier einträchtig nebeneinander.

Der 1839 geweihte Friedhof wurde von einem Anwohner-Freundeskreis vor dem totalen Verfall bewahrt. Man entfernte zerstörerische Ahornbäume, neue Büsche und Bäume wurden gepflanzt und 106 Wildblumenarten angesiedelt. An diesem Ort könnte man verweilen und das Gefühl für Zeit verlieren. Dieser Meinung war offenbar auch die Familie gewesen, in deren mit Panzerglas abgedeckter Gruft ein Raum mit Tisch und Stühlen eingerichtet worden war.

Aber auch der weit weniger romantische Ostfriedhof auf der anderen Straßenseite hat neben dem Grab von Marx noch interessante Entdeckungen zu bieten. Schließlich existiert diese Anlage auch bald 150 Jahre. Die Schriftstellerin George Eliot, der Philosoph Herbert

Spencer und die mit 97 Jahren gestorbene Catherine Booth-Clibborn, Begründerin der Heilsarmee in Frankreich und der Schweiz, fanden hier ihre letzte Ruhe. – Ein Friedhof offenbart auf schmerzliche Weise doch diese und jene Bildungslücke!

Und wer nach dem Rundgang von der inneren zur äußeren Einkehr kommen möchte, findet oberhalb der Beinstatt ein einladendes Gasthaus mit Freisitz: *The Flask*. Ich kann *Die Flasche* nur empfehlen, denn mir wurde dort ein Gratisbier – im Glas – offeriert, weil sich der von mir bestellte Fisch »verschwommen« und nicht rechtzeitig die Bratpfanne erreicht hatte. Außerdem hat man vom Highgate-Berg einen schönen Blick auf die Stadt und kann hinüberspazieren zum benachbarten Hampstead-Hügel und zu dem weitläufigen Park, in dem es tatsächlich »Badeteiche« gibt. Aber da Ladies und Gentlemen in dem Teich, den wir fanden, nicht gemeinsam schwimmen durften, haben wir trotz der Julisonne darauf verzichtet. Das nächste Mal werden wir eben im August hinfahren …

Von Klein-Paris nach Little Venice

Was macht London aus? Ist es der Trubel am Piccadilly Circus? Oder das Nachtleben in Soho? Der Tower? Oder ist es gar ein Mittagskonzert in St. Martin's-in-the-Fields? So viele Fragen …

Und so viele Antworten. Aber für mich ist London der *Regent's Canal*. Ja. Kein Weg in London führt so zielstrebig durch die Hinterhöfe der Stadt wie dieser Kanal. Er ist 13 Kilometer lang und Teil des Grand Union Canal, der die Hauptstadt mit Birmingham und Manchester verbindet.

Bevor das Zeitalter der Eisenbahn anbrach, hatten britische Ingenieure die gesamte Insel mit einem Netz von Kanälen durchzogen, über die Waren in alle Teile des Landes verschifft wurden. Viele Kanäle sind noch erhalten oder wieder instand gesetzt worden, und es existieren sogar noch Verbände von Binnenschiffern, die vor allem Baustoffe über den Wasserweg anliefern. Immerhin gibt es fast 4000 Kilometer Wasserstraßen in Großbritannien, die von *British Waterways* verwaltet werden.

Der Regent's Canal beginnt nicht weit hinter dem legendären Warrington Hotel, einer Sinfonie aus Kacheln, Stuck und Eichenholz in einem klassizistischen Haus. Typisch englisch – möchte man meinen. Bis man näher tritt und liest: Ben und seine Thai-Küche. Über der Theke hängt eine Tafel: »Das Bier der Woche«. Darunter in Kreide: »Kein Hemd – keine Bedienung!«

Ganz in der Nähe befindet sich die Spanisch-Portugiesische Synagoge. Im Hof wird auf einer Tafel der in beiden Weltkriegen gefallenen jüdischen Gemeindemitglieder gedacht. Auffallend ist die Veränderung der Namen zwischen 1914 und 1945: von Abegasis zu Aaron, von Da Costa zu Cohen. Die Familie Valencia mußte in beiden Kriegen um ihre Männer trauern ...

Zurück zum Kanal. Er zweigt ab vom Grand Union Canal in einem stillen Hafen mit dem bezeichnenden Namen *Little Venice*. Eine kleine Insel mit Trauerweiden, die das Wasser streicheln, trägt den Namen des Dichters Robert Browning, der am Hafenbecken wohnte. An der Ufermauer liegt ein Boot, auf dem man gehobene Partys feiern kann. Auf dem Leinenverdeck ist ein Hinweis für Menschen mit böser Absicht aufgedruckt: Kein Bargeld an Bord. Der gehobene Brite zahlt mit der Karte!

Nach einer kurzen Fahrt erreicht man den Maida-Hill-Tunnel, der fast 300 Meter lang ist. Im Jahre 1820, als der Kanal eingeweiht wurde, gelangten die Bootsleute durch den Tunnel, indem sie sich mit den Füßen von den Wänden abstießen. Einen Treidel-Pfad für die Pferde, die das Boot sonst zogen, gab es hier nicht. Bis heute ist der wenige Meter breite Tunnel eine »Einbahnstraße«.

Besonders reizvoll ist die Fahrt durch den Londoner Zoo. Denn vom Boot aus kann man Hunderte von Vögeln in einer riesigen Voliere fliegen sehen. Der Flugkäfig ist vom Ex-Schwager der Queen, Lord Snowdon, einem berühmten Fotografen, entworfen worden und ist begehbar. Die Aufhängung erinnert mich an das Münchner Olympiastadion. Ab und an sieht man einen Pfau, einen Wasserläufer oder einen Reiher am Ufer.

Kleine gußeiserne Fußgängerbrücken queren den Kanal. Radfahrer und junge Frauen mit Kinderwagen beleben den Uferweg. Das »Café Laville« spannt sich wie eine Brücke quer über das Wasser. Sitzt man dort, kann man die Enten füttern oder die Touristen auf den vorüberfahrenden Booten.

Die im Paddington-Becken liegenden Hausboote sind bunt bemalt, und die meisten haben große Blumenschalen auf den Dächern. Auf einem stehen sogar zwei Palmen. Die Boote heißen »Henrietta« oder »Rose«, »Angemalte Dame« oder »Himmel und Elster«, ein Bootsbesitzer nennt sein Boot »Meine Schuld«!

Wir aber schlendern im Schatten von Bäumen, Büschen und Hinterhofmauern den Treidelpfad entlang. An der Rückseite der Prince Albert Road liegen gepflegte Gärten mit Bohnen- und Tomatenpflanzen. Auf dem englischen Rasen prangen Schilder: »Privateigentum! Betreten für Unbefugte verboten! Hundestreifen!«. Zwischen zwei cremefarbenen klassizistischen Villen sieht man die Große Londoner Moschee. Der goldene Halbmond auf dem Minarett blitzt in der Sonne. Einen Kilometer weiter taucht plötzlich ein zweistöckiges chinesisches Hausboot auf – das Restaurant Feng Sheng.

Die Zugänge zu den angrenzenden Straßen führen durch schmiedeeiserne Gittertüren, die abends abgeschlossen werden. Wahrscheinlich sollen die Boote gesichert werden – oder man hat Angst, daß jemand aus dem Pub kommt und volltrunken in den Kanal stürzt …

Shakespeare und keine Ende

Vor Jahren waren wir mit einem jungen Mann, der zu einem literarischen Stadtrundgang einlud, in London den Spuren Shakespeares gefolgt. Der Rundgang begann an dem Platz, wo Shakespeare einst wohnte, Silver Street, Ecke Monkwell Street. Die Silver Street existiert heute nicht mehr. Sie wurde wie alle angrenzenden Straßen am 29. Dezember 1940 von deutschen Bomben zerstört und später überbaut. Wahrscheinlich stand das Shakespeare-Haus dort, wo sich heute die Südostecke des Museum of London befindet. Kein schlechter Platz. Irgendeinen Hinweis sucht man allerdings vergeblich.

Wenn Shakespeare von seiner Wohnung in der Nähe der nördlichen Stadtmauer zum Globe Theatre am anderen Themse-Ufer wollte, hatte er immerhin fast drei Kilometer zurückzulegen. Vielleicht führte ihn sein Weg auch über den Friedhof der St.-Pauls-Kathedrale, auf dessen Gelände einst die Londoner Verleger und Buchhändler ihre Stände hatten. Und natürlich ging er immer an der »Mermaid« vorbei, der berühmten Künstlerkneipe. Den Fluß konnte er nur über die *London Bridge* queren, der kürzere Weg über die Southwark Bridge sollte erst 215 Jahre später möglich werden.

Die Stadt bestand zu seiner Zeit aus einem Gewirr meist ungepflasterter Straßen, die von Fachwerkhäusern aller Art gesäumt wurden. Es gab eine Stadtmauer mit sieben Toren und auf eineinhalb Quadratkilometern

100 Kirchen für immerhin 200 000 Einwohner. Aber auch Wiesen und Felder, Blumengärten und kleine Alleen.

Und es gab nahe dem Bear Garden am südlichen Ufer der silberhellen Themse das Globe Theatre, in dem Shakespeare als Schauspieler und Bühnenschreiber arbeitete. Außerdem besaß er ein Zehntel der Anteile am Theater, war also »Aktionär«. Theater, Tiervorführungen und Prostitution fanden vor den Toren der Stadt ihren Platz, für die puritanischen Stadtväter war das alles gleichermaßen unmoralisch.

Das Shakespeare Memorial, eine große, schwarze Metallplatte an der schäbigen Mauer von Barclays Brauerei, präsentierte sich uns in nicht gerade würdiger Form. Hier also soll einmal das berühmte Globe gestanden haben. Ein würdiges Denkmal, ein liegender Alabaster-Shakespeare, befindet sich dagegen in der benachbarten Southwark Cathedral.

Die Bewunderung für den größten Sohn Albions gipfelte immer wieder in der Vorstellung, daß einst ein neues *Globe* am alten Orte entstehen könnte. Der amerikanische Schauspieler Sam Wanamaker machte sich das zur Lebensaufgabe. Und 1997 war es soweit: Mit Shakespeares »König Heinrich der Fünfte« in der Regie von Richard Olivier, dem Sohn des unvergessenen Sir Lawrence Olivier, wurde *Shakespeare's Globe Theatre* am 14. Juni eröffnet. Genau 350 Jahre nach dem Abbruch des *First Globe* war eine exakte Replik unter der Leitung von Sam Wanamaker entstanden, der die Vollendung leider nicht mehr erlebte.

Wir aber erlebten bei strahlendem Sommerwetter vier Wochen nach der Premiere einen Theaternachmittag und -abend, der die Besuche im Leipziger Schauspielhaus doch ein wenig in den Schatten stellte. Glücklicherweise hatten wir die Eintrittskarten schon von Deutschland aus reservieren lassen. Leider hatte ich nicht beachtet, daß die Karten spätestens eine Stunde vor Beginn der Vorstellung abgeholt werden sollten. Natürlich waren wir erst eine halbe Stunde vorher dort. Als ich von weitem die hundert Meter lange Schlange an der Kasse sah, verfielen meine Beine in einen leichten Trab. Doch die Vorverkaufskasse war noch offen, und ich bekam die Karten, die unter Böhnke-Gohlis abgelegt waren. Stehplätze für 15 Mark. Wir gehörten also zu den *groundlings*, den »Gründlingen«. So hießen zu Shakespeares Zeit die 1000 Zuschauer, die vor der Bühne auf dem Erdboden standen, dafür damals aber nur einen Penny zahlten. Weitere 2000 zahlten zwei für einen Sitzplatz und einen weiteren Penny für ein Kissen und einen Platz, von dem sie selbst auch gesehen werden konnten.

Nun ist es ja für einen gut trainierten Sachsen Mitte der Fünfzig kein Problem, einem Theaterstück auch im Stehen zu folgen, wenn dieses eine gewisse Länge nicht überschreitet. Obwohl »König Heinrich V.« keine Wagner-Oper ist, dauerte es doch fünf Stunden, bis König Heinrich am Ende des 5. Akts ausrufen konnte: »Und treu bewahrt, gedeih' es uns zum Segen.«

Zum Segen gedieh es uns, daß – nach elisabethanischem Vorbild – nach jedem Akt eine Pause war, in der man im Foyer belegte Brötchen (mit Brunnenkresse und Tomaten!) und Tee oder Wein kaufen konnte. Manche Zuschauer hatten sich große Picknickkörbe mitgebracht, setzten sich vor die Bühne auf den Boden und aßen und tranken nach Herzenslust.

Die Inszenierung war recht traditionell, jedenfalls ohne irgendwelchen Schnickschnack, mit dem der Regisseur hätte belegen wollen, daß nur er Shakespeare wirklich verstanden habe. Olivier schreibt im Programmheft: »Die Geschichte von *Heinrich dem Fünften* weist bemerkenswerte Parallelen auf zur Wiedereröffnung des Globe. Ein Mann hat die Vision, etwas Verlorenes zurückzugewinnen; er vereint eine uneinheitliche Gruppe mit unterschiedlichen Interessen zu einem ›Bruderbund‹, der gemeinsam alte Grenzen überschreitet.« Und das Ganze wird gesponsort von Panasonic.

Ursprünglich war das vielumstrittene Globe Theatre wohl ein runder, dreigeschossiger Bau von der Größe eines mittleren Gasometers. Es war strohgedeckt und besaß einen offenen Innenhof. Eine zeitgenössische Innenansicht gibt es nicht. Die einzige erhaltene Skizze eines ähnlichen Theaters stammt von dem Holländer Johannes de Witt aus dem Jahre 1596 und zeigt das Swan Theatre.

Heute geht man durch eine Art Scheunentor in den oben offenen Innenhof, in den die Bühne hineinragt. Sie nimmt etwa die Hälfte des Zuschauerraumes ein und ist überdacht. Das Dach wird von zwei riesigen Marmorsäulen getragen. Die Zuschauer stehen direkt an der Bühne. Wer die Hände auf die Bühne legt, dem treten die Schauspieler auf die Finger. Die Sitzplätze sind ebenfalls überdacht und befinden sich in halbrunden »Galerien« gegenüber der Bühne.

Mir sind die Schauspieler nicht auf die Finger getreten, aber ich habe ihnen auf die Finger gesehen und aufs Maul geschaut. In der zweiten Pause kaufte ich mir eine Miniaturausgabe des Stücks und konnte fortan feststellen, wo ein Satz ausgelassen wurde. Und das geschah relativ häufig. Ob es nur der Hitze geschuldete Sprünge oder Striche des Regisseurs waren, blieb mir verborgen.

Auf jeden Fall wurde im Vorspann lautstark getrommelt, und an aktuellen Anspielungen und Extempores fehlte es auch nicht. Besonders bejubelt wurden Seitenhiebe auf die Franzosen. Das vereinte Europa hat das Theater wohl noch nicht erreicht! Am beeindruckendsten war für mich der junge Toby Cockerell, der die Rolle der Katherine spielte. – Denn zu Shakespeares Zeit durften keine Frauen auf dem Theater spielen. – Bei so viel Koketterie wäre selbst der Meister dahingeschmolzen.

Etwas problematisch war es, die Sprache zu verstehen, was ja im Theater nicht ganz unwesentlich ist. Vor 400 Jahren wurde in London doch noch etwas anders gesprochen als heute. Man hört sich zwar hinein, aber den Doppelsinn von Wortspielen, die aus der Zeit geboren sind, erkennt man doch erst am Lachen der Eingeborenen. Wenn Hamlet zu Polonius sagt: »Ihr seid ein Fischhändler«, weiß der gebildete Brite sofort, daß ein Bordellbesitzer gemeint ist. – Ich tröstete mich damit, daß man beim Lesen der Lutherbibel auch auf heute unverständliche Begriffe stößt. Als mir in der zweiten Pause von *Henry the Fifth* diese Dinge durch den Kopf gingen, erinnerte ich mich an ein Gespräch, das ich vor Jahren auf der Leipziger Nikolaistraße gehört hatte. Zwei attraktive junge Damen unterhielten sich über eine Messebekanntschaft: »Er kommt aus London. Und du verstehst jedes Wort. Er spricht eben ein richtiges Shakespeare-Englisch!«

London: Lucky Flash

Im Jahre 1972, mitten in der tiefsten DDR, traf es mich wie ein Blitz aus heiterem Himmel: Ich sollte nach England fliegen! – Nein, nicht für immer und auch nicht nach England insgesamt, aber für eine Woche nach London.

Die Reise war wie ein Fünfer im Lotto. Noch dazu für einen Nicht-Genossen, dem aus »kaderpolitischen Gründen« eine Anstellung an der Universität verwehrt worden war. Verschärfend kam hinzu, daß der junge Mann noch nicht einmal dreißig und erst seit einem Jahr im Verlag Edition Leipzig für die Übersetzung der dort entwickelten Bücher verantwortlich war. Und dann kam der Hammer: Er sollte die Reise ohne den üblichen Begleiter des Außenhandelsbetriebes »Buchexport« machen, also unbeobachtet – ideologisch ungefestigt wie er war!

Ich konnte es nicht glauben. Zumal der Bruder meiner Frau die DDR vor Jahren fluchtartig verlassen hatte. Noch am Tag vor der Abreise, als ich einen blauen DDR-Reisepaß mit dem Stempel »Gültig zur einmaligen Ausreise für alle Staaten und Westberlin« in der Hand hielt, dachte ich, alles sei ein Mißverständnis. Bis die Maschine der polnischen Luftfahrtgesellschaft LOT in London Heathrow landete, war ich nicht sicher, ob nicht doch alles ein Traum sei.

Dann war ich tatsächlich in London. Ich wohnte – wie

andere DDR-Dienstreisende auch – im Regent Palace Hotel, gleich am Piccadilly. Als erstes hatte ich mich in der Handelsvertretung zu melden, denn eine Botschaft besaß die DDR nicht. Die Anerkennungswelle war noch nicht geschwappt. Nachdem die Buchexport-Reisestelle mir bei der »letzten Ölung« die schrecklichsten Geschichten vermeldet hatte, die DDR-Bürgern außerhalb der schützenden Grenzen ihres Landes ständig passierten – Mord und Totschlag, Sodom und Gomorrha –, war in der Handelsvertretung die Atmosphäre »relaxed«. In den letzten Wochen war in London niemand zu Tode gekommen oder von zweifelhaften Damen verschleppt worden.

Also wagte ich noch am Tag meiner Ankunft einen Rundgang durch *Soho*, das gleich hinter dem Hotel begann. Die halbdunklen engen Straßen mit den rotbeleuchteten Hauseingängen und den eindeutigen Fotos neben der Tür waren schon ziemlich aufregend für einen unbescholtenen Leipziger aus der Straße der Deutsch-Sowjetischen-Freundschaft. Unser Verlagsleiter hatte mich davor gewarnt, das karge Tagegeld, von dem auch das Frühstück im Hotel bezahlt werden mußte, nach *Soho* zu tragen. Daran dachte ich gerade, als mich ein ordentlich gekleideter junger Mann in ein Restaurant bat, um mir etwas Interessantes zu zeigen. Ich vermutete, er habe erkannt, daß ich aus dem ersten deutschen Arbeiter-und-Bauern-Staat kam, und er wolle mir die Stammkneipe von Karl Marx präsentieren. Drinnen war auch richtig rotes Licht, und an der Wand hing im Halbdunkel ein gerahmtes Schriftstück, das mich entfernt an die Titelseite des »Kommunistischen Manifests« erinnerte.

Ich wollte gerade den Text lesen, als zur Linken(!) ein schwerer roter(!) Samtvorhang zur Seite glitt und eine

Dame hervortrat, die mich so siegesgewiß anlächelte, als hätte sie gerade einen FDGB-Ferienplatz an der Ostsee erkämpft. Da schrillte bei mir die Alarmsirene. Mit einer Unterdrehung, die man nur als Verteidiger bei Motor Trachenberge-West lernt, entwand ich mich dem lenkenden Arm des freundlichen jungen Mannes und stürzte hinaus.

Ich ging in Richtung *Soho Square*, einem quadratischen Platz mit schönen alten Bäumen, unter dessen Rasen noch die Luftschutzbunker aus dem Zweiten Weltkrieg liegen. In einer Seitenstraße mit meist einstöckigen Häusern schauten aus einigen Fenstern mehr oder minder junge Damen, die mir freundlich zulächelten. Ich lächelte zurück. An den Türen verkündeten kleine Messingschilder: Jane Brown, *Beauty Care*, oder Lil Dayton, *Fashion*. Als ich verbindlich lächelnd die Kamera hob und ein Bild machte, kreischte es plötzlich aus einem himmlischen Antlitz: »Hau ab, du blöder Affe! Hier wird nicht fotografiert! Ich zeige dich an, wenn du nicht sofort verschwindest!«

Meine Annäherungen an einen bestimmten Teil der britischen Arbeiterklasse waren zumindest im Stadtteil *Soho* nicht ganz glücklich verlaufen.

Jahre später, ich war inzwischen gereift, verliefen Gespräche schon weitaus harmonischer: Zum Beispiel mit einem Obdachlosen, der sich in einer Grünanlage mit seinen Plastiktüten neben mich auf die Bank setzte, als ich mir gerade eine Pfeife mit dem guten »Prestige«-Tabak stopfte. Er bat um etwas Tabak und drehte sich eine Zigarette. Dann fragte er, woher ich käme. Leipzig kannte er nicht, aber *Germany*. Er meinte, wir seien die Größten. Das konnte ich an meinem Beispiel sofort widerlegen. Er ließ sich aber nicht beirren und trat umgehend den Beweis an: »Red kein Blech, Junge, natürlich seid ihr die Größten. Mensch, zwei Wimbledonsieger auf einmal!« Und so erfuhr ich, daß nach Boris Becker auch Steffi Graf den Pokal gewonnen hatte. Dann sprachen wir über die für England ungewöhnliche Hitze, er drehte sich noch eine Zigarette mit Pfeifentabak, bedankte sich und schlurfte davon. Er schien zufrieden, und ich war hochbeglückt, etwas Wichtiges über Deutschland erfahren zu haben.

Sommertage in London. Laue Luft und sanfte Sonne. So als habe es hier nie einen »Londoner Nebel« gegeben. Ich schlenderte durch den Hyde Park, Reiter wirbelten Staub auf, Enten schaukelten träge auf dem Serpentine, dem kleinen See in der Mitte des Parks. Viele muslimische Frauen, verschleiert, ganz in Schwarz. Scharen von Kindern. Die Männer etwas abseits, die Gebetsschnur zwischen den Fingern. Ich setzte mich auf eine Bank, wollte ein junges Mädchen in einem schwarzen Habit, die mit knallgelbem Handy telefonierte, fotografieren. Sie schüttelte den Kopf. Ich legte die Kamera neben mich auf die Bank. Zum Paparazzo fehlt mir noch ein ganzes Stück.

Ich ging weiter. Am Wellington Arch, einem Torbogen mit einer Gruppe von Pferden darauf, fiel das Nachmittagslicht so weich auf die Quadriga, daß ich nach meiner Kamera greifen wollte. Die Leinentasche war leer. Ein Blick hinein bestätigte: Die Kamera war weg! Wo habe ich sie zuletzt gehabt? – Richtig: Die schöne Schwarze mit dem gelben Handy!

Ich laufe los. Scharfer Trab über zwei Kilometer. Alle Bänke am Ufer besetzt. Frage an der ersten Bank. Keine Kamera weit und breit. Das gleiche Ergebnis an der zweiten. Auf der dritten sitzen vier muslimische Schönheiten. Wallendes Schwarz bedeckt die Bank. Bei der Frage nach meiner Kamera heben sich wortlos zwei vielfach gefaltete Tuchbahnen. Darunter schmiegt sich meine Canon verschämt an das Holz der Bank. Ich bedanke mich wortreich. Schweigendes Leuchten in den dunklen Augen. Ein leichtes Neigen des Kopfes. Das Tuch senkt sich. Die Sonne auch. Das Licht am Wellington Arch ist flau. Die blaue Stunde ist vorüber. Ich mache das Foto. Es wird ganz anders als das Bild in meinem Kopf.

East End

Wann immer man als Leipziger in Prag war, etwas wird man nie vergessen: den leichten Unterdruck im Magen, wenn es bei der Rückfahrt an der Grenze hieß: »Zollkontrolle! Bitte fahren Sie rechts ran!« Mein Gott, hatte man den »Spiegel« oder die »Brigitte« auch wirklich im Hotel gelassen? Und waren die deutschen Bücher, die man so preisgünstig im Antiquariat auf der Kleinseite erstanden hatte, definitiv vor 1933 erschienen? Nun war es zu spät. Triumphierend fragte der grünbemützte Zöllner – oder noch schlimmer: die Zöllnerin – nach »westlichen Druckerzeugnissen«, nach »Schund- und Schmutzliteratur«. Mit fester Stimme wurde verneint. Ganz Mutige versuchten sogar einen Scherz. Sie hätten nur einen »Troll« dabei, die beliebte DDR-Kreuzworträtsel-Zeitschrift. Je nachdem, was der Zöllner gefrühstückt hatte, genügte ihm eine oberflächliche Kontrolle, oder man mußte die Sitze ausbauen.

Aber auch die Genossen auf der tschechischen Seite waren bei der »passowa kontrola« nicht gerade zimperlich. Nach einem Winterurlaub im Riesengebirge hatten wir unseren GAS-Geländewagen bis unter die Plane mit Rucksäcken und Skiausrüstungen für fünf Personen vollgepackt. Wir sollten zwecks »Totalkontrolle« das Kfz bei minus 10°C entladen. Als ich mich weigerte, wurden wir vorläufig festgenommen. Meiner Frau wurde eine Leibesvisitation angedroht. Es blieb aber dann dabei, daß wir Schuhe und Strümpfe ausziehen und die Einlegesohlen gegen das Licht halten mußten. Als sich darin weder Rauschgift noch Minisender entdecken ließen, erhielten wir unsere Personalausweise zurück und wurden mit vielen R- und Zischlauten in scharfer Form aufgefordert, den Grenzbereich zu verlassen. Das taten wir umgehend.

Bei solchen und ähnlichen Gelegenheiten sagten wir uns: »So etwas gibt es eben nur an der DDR-Grenze!«

Als wir zum ersten Mal in Großbritannien einreisten, entwickelte sich eine muntere Plauderei mit dem *Immigration Officer* am Flughafen London-Heathrow. »Sie kommen aus Laipsik?« – »Ja.« – »Zeigen Sie Ihr Rückflugticket! Haben Sie Geld?« – »Ja.« – »Wohin wollen Sie?« – »Grosvenor Street.« – (Höhnisches Lachen.) »Sie meinen wohl Grouvner Street! Ja, Englisch ist nicht einfach. Mit unserer Sprache sind wir sehr eigen! Und wie wollen Sie dorthin kommen?« (Sattes Grinsen.) – Aber darauf war ich vorbereitet: »Ich steig hier in die U-Bahn, Piccadilly Line, steig in Holborn um, nach Epping, fahre bis Upton Park, dann nehme ich den Bus, oder ich laufe.« – (Unwillige Pause.) »Was wollen Sie denn im Vereinigten Königreich?« – »Studien!« – »Was für Studien?« – »Land und Leute.« – »Welche Leute? ... Haben Sie berufliche Interessen?« – »Wir nehmen an einer wissenschaftlichen Tagung teil.« ... Wortlos wurden uns die Pässe zugeschoben. Der Einwanderungsbeamte blickte uns mißtrauisch nach. An unseren Rucksäcken baumelten die Wanderstiefel ...

Als wir im Londoner East End ankamen, glaubten wir auf den ersten Blick, im Orient zu sein. In den Straßen wimmelte es von Bangladeshi, Pakistani und Indern in farbenfrohen Gewändern von Blaßrosa bis zum schreienden Violett. Straßenmärkte beherrschten das Viertel. Es wurde lautstark feilgeboten, gefeilscht und seufzend gekauft. An der Ecke der Straße, in der wir wohnen sollten, qualmten die Trümmer einer Fleischerei, die in der Nacht zuvor angesteckt worden war. Der fleißige Muslim, dem sie gehört hatte, war eine unliebsame Konkurrenz. Die Woche zuvor war ein anderes seiner Geschäfte abgebrannt.

Ansonsten ging es in der Nähe des Stadions von *West Ham United* friedlich zu. Das Haus unserer Gastgeber war ein Zimmer breit und hatte zwei Stockwerke. Nach hinten schloß sich ein winziger Garten an, der liebevoll bepflanzt war. Die Fahrt mit der U-Bahn in die City dauerte etwa 40 Minuten. Trotzdem waren die Häuser hier für unsere Begriffe unerschwinglich.

In den frühen Morgenstunden wurden Straßen und Gehsteige gekehrt. Und zwar ausschließlich von weißen Engländern. Sie hatten mehrere, unterschiedlich breite Besen und eine schwarze Tonne auf Rädern, in der der Dreck verschwand. Ihre Sprache war sicher Englisch, aber mit einer uns unverständlichen Färbung. Nach zwei Stunden sahen die Straßen wieder aus wie vorher, so als hätte man gerade hundert Papierkörbe ausgekippt.

Natürlich gibt es auch ein ganz anderes East End. Bei unserem letzten Besuch in London wohnten wir im Stadtteil Bow. In zehn Minuten waren wir zu Fuß an der Themse, im *Dockland*. Dort finden sich neben hypermodernen Bürohochhäusern alte Werftgebäude, die zu Eigentumswohnungen umgebaut wurden. Wer Glück hat, besitzt noch einen alten Kranbalken über dem Balkon. Dazwischen stehen leider Neubauten, die den harmonischen Eindruck zerstören. In den Bürotrakten finden sich fast alle Zeitungsredaktionen, die früher in der

Fleet Street im Stadtzentrum waren. Steigende Mietpreise haben die Unternehmen aus der Innenstadt vertrieben.

Wir saßen an einem späten Sommerabend am West India Quay, blickten mit einem Glas Rotwein in der Hand über die Wasserfläche zum gleichnamigen Bahnhof der *Dockland Light Railway*, der 1992 von der IRA in die Luft gesprengt worden war. Links von uns der berühmte Billingsgate Fish Market, der sich schon seit 1982 nicht mehr am Billingsgate befindet.

Der Anblick der interessanten architektonischen Lösungen ist recht erbaulich. Allerdings gibt es auch in dem schicken Yuppie-Café, das genausogut in Brüssel oder Düsseldorf sein könnte, einen für uns ungewöhnlich frühen Ausschankschluß. Dabei ist die Sperrstunde individuell schon auf 23.30 Uhr verschoben worden.

Ganz anders im etwa zwei Kilometer entfernten *House that was left over*. Der Name des Pubs weist darauf hin, daß das kleine Fachwerkhaus sowohl den Krieg als auch die Abrißwut in späteren Jahren überstanden hat. Obwohl es gegen 22.00 Uhr nichts mehr zu essen gab, weil Familien die Kneipe mit Freisitz ab 11 Uhr gestürmt hatten, waren alle Tische draußen besetzt, und die Stimmung schlug hohe Wogen. »Die haben mir die Haare vom Kopf gefressen«, behauptet der Wirt und zeigt auf seine Stoppelglatze.

Wir fanden Platz an einem Tisch, an dem zwei jüngere Männer saßen, die heftig stritten: »Das kannst du voll vergessen! Die hören doch nicht auf uns.« Das kam mir irgendwie bekannt vor. Entweder es ging um Frauen oder um Politiker. Nachdem wir uns auf die groben Holzbänke gesetzt hatten – die übrigens genauso aussehen wie die in der »Domholzschänke« im Leutzscher

Holz –, kam die Erklärung: Es ging um die Tories, die konservative Regierung.

John arbeitete bei *British Airways* und schimpfte wie ein Rohrspatz auf seinen Arbeitgeber. Er dürfe nicht streiken, aber über seine Kollegen vom Bodenpersonal habe er sich gefreut. – Wir teilten die Freude weniger, denn wir hatten drei Stunden auf dem Flughafen verbracht, bevor wir unser Gepäck erhielten.

John meinte, die Ostdeutschen und die Briten müßten zusammenhalten. Er habe sich gerade mit seinem Partner, einem Bankangestellten, eine schöne Eigentumswohnung am Limehouse Basin gekauft, dort wo der Grand Union Canal in die Themse mündet. Wir sollten doch einfach nach London ziehen. Eine Wohnung wäre schon für 600 000 DM zu haben.

Seitdem kommen wir aus dem Grübeln nicht mehr heraus …

Der Schotte trägt doch keinen Rock!

Jeder, der durch das wohlhabende Südengland, über London, die Midlands und York nach Schottland kommt, hat schon interessante Landschaften und aufregende Menschen gesehen. Aber Schottland ist einmalig, und seine Bewohner sind Unikate. Rauh sind die Winde, karg ist das Land. Der Schrei des Seeadlers und das Glucksen der Hochmoore, der Geruch von Salzwasser und der Geschmack von Dörrfisch, purpurner Abendhimmel und nebelverhangene Morgensonne, ein vergessener Friedhof und Sturmböen, die ansetzen, dich von *Arthur's Seat*, der Edinburgh beschattet, hinabzufegen ins Meer ...

Wer mehr über das Land und den schottischen Charakter erfahren möchte, der fahre in ein abgelegenes Hochlandtal – natürlich nicht mit dem Touristenbus eines Reisebüros – und nehme an den *Highland Games* teil. Am besten, man ist mit einem der Teilnehmer gut bekannt. Wie unser Freund Hugh, der nicht Hugo genannt werden möchte, mit dem Schäfer vom Nachbargrundstück, mit Jock. Obwohl dieser sich mit seinen Schafen recht einsilbig unterhält, wird er sehr gesprächig, wenn Hugh ihm von neuen Richtlinien aus Brüssel berichtet, wo in einer EU-Konferenz der Krümmungsgrad europäischer Schafwolle festgelegt wurde. Hugh ist nämlich Simultandolmetscher, und Jock antwortet fast simultan, daß er den EU-Kommissaren am liebsten mal die Hammelbeine langziehen möchte.

Jock startet bei den *Hochland-Spielen* in der Disziplin Baumstammwerfen, *tossing the caber*. Ein etwa 5 Meter langer Baumstamm mit einem Mindestdurchmesser von 20 Zentimetern wird senkrecht auf den Boden gestellt, mit einem Ruck auf die verschränkten Hände gehoben und dann in einem Bogen nach vorn geworfen, wobei er mit der »Spitze« aufschlagen und nach vorn umkippen muß.

Die Wettbewerbe finden auf einer großen Wiese am Bachufer statt und dauern einen ganzen Tag. Teilnehmer und Zuschauer kommen aus den umliegenden Dörfern und kennen sich alle. In einem großen Zelt gibt es selbstgebackenen Kuchen, Sandwiches mit Käse und Tomate, mit Kresse und Ei, mit Thunfisch und Sauerampfer. Ein Faß Bier darf natürlich nicht fehlen.

Weitere Disziplinen sind Dauertanzen (meist auf der Spitze!), Hammerwerfen (mit einem richtigen von 7,5 kg), Wettlauf in voller Schottentracht, Dudelsackpfeifwettbewerb, Hindernislauf über einen Berg, Steinwerfen (12,5 kg), Tauziehen und Schießen mit dem Jagdgewehr. Die Preise bewegen sich zwischen 20 und 10 Mark. Es gibt meist einen ersten bis fünften Sieger. Bei ausgewählten Wettbewerben erhalten die Sieger eine Ehrennadel, vermutlich so etwas wie unser Sportleistungsabzeichen. Der Schirmherr ist der Hochehrenwerte Graf von Airlie, dem alles Land gehört, so weit das Auge reicht. Nun gut, um der Wahrheit die Ehre zu geben, das schmucke Jagdschloß am Ende des Tals hat ihm kürzlich das Vorstandsmitglied eines bekannten bayerischen Automobilherstellers abgekauft.

Ob der Graf selbst anwesend war, weiß ich nicht, aber

er hätte gut einer der mit feinstem Stoff umwickelten graumelierten Herrn sein können, die am Ziel des Bergrennens standen. Denn der Kilt – bitte nicht Schottenrock! –, den jeder von ihnen trug, ist eine ursprünglich bis zu sechs Meter lange Stoffbahn, die um die Hüften gewickelt wird. Die *tartans* sind Karomuster (Schottenkaro), die sich von Clan zu Clan unterscheiden, für ein kontinentales Auge kaum wahrnehmbar. Ich würde in Schottland ein McBean-Tartan tragen, also ein Bohnenkaro.

Der Kilt ist das sichtbare Bekenntnis zur schottischen Nation, denn mehr als 50 Jahre – nach der Niederlage der Schotten gegen die Engländer im Jahre 1745 bei Culloden – war es verboten, einen zu tragen.

Und jeder Schottland-Besucher hört irgendwann die Frage: »*What is worn under the kilt?*« Natürlich fragt man sich (besonders im Winter), was die Schotten unter dem Kilt tragen. Die Antwort ist eindeutig: »*Nothing is worn under the kilt!*«, also nichts. *Worn* kann aber nicht nur *getragen* heißen, sondern auch *abgenutzt* …

Doch nicht nur der Kilt ist eine nationale Institution, sondern – wie könnte es anders sein – vor allem der Whisky. Und davon ist wiederum der *malt whisky*, der Malzwhisky, der König. Über 100 Sorten gibt es allein im Einzugsgebiet des Flusses Spey. Die älteste, heute noch betriebene Brennerei befindet sich in Glenturret. In riesigen Fässern reifen *single malt* und *blended whisky* vor sich hin. Scotch muß mindestens drei Jahre alt sein. Seine goldbraune Farbe erhält er durch die Lagerung in alten Sherryfässern. Eigentlich ist Whisky farblos.

Whisky steht heute auf der Exportskala ganz oben. Und die Befürworter einer nationalen Unabhängigkeit Schottlands sehen in ihm ein Unterpfand der Freiheit.

Dieser Gedanke ist nicht neu. Schon der schottische Nationaldichter Robert Burns schrieb in einem Gedicht gegen die Whiskybesteuerung durch die Engländer, daß Freiheit und Whisky eng miteinander verbunden sind: »Freedom and Whisky gang tegither.«

Das Regencape als Lebensretter

Nicht nur das Herz des schottischen Nationaldichters Robert Burns ging in den Highlands verloren, sondern auch unser Vertrauen in die Unfehlbarkeit sächsischen Orientierungssinns. Ein trüber Nachmittag im August hätte um ein Haar unser letzter sein können.

Wir verabschiedeten uns in aller Herrgottsfrühe, also gegen neun, von unserem Freund Hugh und machten uns auf den Weg. Dessen Warnung hatten wir uns wohl zu Herzen genommen: die Berge links des kleinen Flusses, der das malerische Tal durchschnitt, an dessen Hang sich unser Cottage schmiegte, sollen wir unbedingt meiden. Er meinte, heute könnte es dort gefährlich werden. Wir blickten hinauf zum Firmament, das auch nicht die Spur einer Wolke sein eigen nannte.

Nun, der Freund wird sich etwas dabei gedacht haben, vermuteten wir, ohne uns weiter den Kopf zu zerbrechen. Unser Schuhwerk war so fest wie die Entschlossenheit, den Tag auf Schusters Rappen zu durchstreifen. Ein Kammweg auf den Bergen rechts des kleinen Flusses sollte uns bis zu den höchsten Gipfeln der Gegend führen, die immerhin fast die 900-Meter-Grenze erreichten. Ein steiler Aufstieg war uns gewiß.

Die sanften Berghänge standen in einem reizvollen Kontrast zum rauhen Wind, der sich in den Fransen des Schals verbiß. Immer wieder kamen wir an verlassenen Gehöften vorüber, deren Pächter vor 200 Jahren von reichen Landbesitzern vertrieben worden waren, die aus den Feldern Schafweiden machten. Doch der Geist der eigensinnigen Kleinbauern scheint auf die Schafe übergegangen zu sein: Nie wird man in Schottland eine Schaf*herde* sehen, die Tiere sind entschiedene Individualisten, die sich höchstens zu einem Familienverband von zwei bis drei Vertretern ihrer Gattung zusammenschließen.

Gegen Mittag fing es an zu regnen. Der Regen war so fein, daß ich unwillkürlich an einen Zerstäuber dachte. Wir holten die gelben Regencapes der Marke »Favorit« aus dem Rucksack. Der Himmel war plötzlich grau, der Regen verstärkte sich, vom Kammweg keine Spur, überall Heidekraut, dazwischen sich ausbreitende Wasserlachen. Es wurde unangenehm. Naß von oben und naß von unten. Ich dachte an die Zeile aus einem sächsischen Frühlingsgedicht: »Indn Leidn ihre Sohln drängt was Nasses sich verstohln.« Aber es war der 12. August.

Längst hatten wir die Orientierung verloren. Die mir von unserem Freund angebotene Landkarte hatte ich abgelehnt, da meine Erfahrung mir sagte, daß die Landschaft sich sowieso nicht nach der Karte richtet. Außerdem wußte ich ja, daß wir immer rechts des Flusses bleiben mußten. Fatalerweise war kein Fluß zu sehen, kaum die Hand vor den Augen, die ohnehin wegen der harten Regenböen fast geschlossen waren.

Als wir uns schon damit abgefunden hatten, daß wir uns freischwimmen müßten, riß der Himmel auf, Wolkenfetzen fetzten über die Berge, ein vorsichtiger Sonnenstrahl tastete sich über die heidebraunen Hänge, tief unter uns brauste ein kleiner Fluß. Aber ach: lag der Fluß links oder rechts? Das zu entscheiden war nicht so einfach, wie es schien. Wir überlegten, aus welcher

Richtung wir gekommen waren, als der Regen begann. Ringsum Bergkuppen, die wie eine große Familie wirkten. Sie ähnelten sich alle. Also marschierten wir munter drauflos. Es war immer noch der 12. August, und wir wunderten uns, wieso wir so viele Pilze fanden, die wir von zu Hause kannten: Butterpilze, Steinpilze, Birkenpilze und jede Menge Pfifferlinge.

Nach einer halben Stunde hörten wir weit hinter uns Rufe wie von einer fröhlichen Landpartie. Es hätte auch eine ausgelassene Land-Party sein können. Wir achteten nicht darauf, denn unsere Aufmerksamkeit galt kleinen Schwärmen gedrungener Wildhühner, die links und rechts des Weges aufflatterten. Sie wirkten wie eine kleine, beleibte Variante des Auerhahns vom Hasseröder Bier-Etikett. ›Vom Harz in die Highlands – ein Handbuch für Berghasen‹, denke ich so vor mich hin, da hören wir wieder die Rufe hinter uns. Diesmal eindringlicher und anhaltender. Wir blicken uns um und sehen tatsächlich in der Ferne Leute, die uns winken. Dann hören wir einen Schuß. Wir winken zurück. In unseren gelben »Favorit«-Regencapes bilden wir sicher eine lebhafte Bereicherung der ansonsten eintönigen Landschaft.

Wir sind etwa einen halben Kilometer gegangen – Entfernungen für Fußwanderer werden hier in Kilometern, nicht in Meilen angegeben –, als wir hinter uns trappelnde Schuhe und ein deutliches »*Stop! For god's sake, stop!*« vernehmen. Da bleiben wir stehen. Eine Jagdgesellschaft in feinstem Zwirn kommt heran. Sie haben Gewehre in der Hand. Ich frage, was sie schießen wollen. »Grass« ist die Antwort. Und wir sollten sie bitte vorbeilassen.

Sie nickten uns freundlich zu und bogen in ein Seitental ab. Beim Vorbeigehen murmelte ein älterer Herr: »*Crazy Germans!*« Während ich noch darüber nachdenke, wieso sie nur ins Gras schießen, uns aber für verrückt halten, fällt mir das heutige Datum ein. Und es fällt mir wie Schuppen von den Augen: Am 12. August beginnt jedes Jahr in Schottland die traditionelle Moorhuhnjagd, ein Muß für jeden britischen Snob. Die Herrschaften wollten *grouse* jagen, hatten sich nur nicht deutlich artikuliert, und unsere gelben Regencapes aus Schkopau haben uns vor dem Abschuß gerettet. Wie hieß es früher bei uns: »Chemie bringt Fortschritt, Schönheit und ein langes Leben!« – Oder so ähnlich.

Und warum wir Deutschen als verrückt gelten, erfuhren wir von unseren Freunden: Kein Mensch in Schottland sammelt Pilze. Man weiß ja nie, welche davon giftig sind. Als ich deren fünfjährige Tochter fragte, wo denn die Pilze wachsen, die sie esse, entgegnete sie völlig überzeugt: »In der Büchse!«

Kronprinz Wilhelm auf dem Nachttopf

Wir haben in den letzten Jahren oft Freunde und Bekannte getroffen, die ganz begeistert von ihrem Urlaub in Norwegen erzählten. Einige waren auch in Schweden, unser Freund Urs war sogar in Lappland, wo immer Schnee liegen soll. Ihn kann man verstehen, denn er kommt aus Davos, »von da, wo's früher öfter Schnee gab«.

Aber keiner unserer Freunde, die inzwischen auch auf den karibischen Inseln, in Indien oder Australien waren, ist uns auf den Orkney-Inseln begegnet.

Dabei kann man an einem Tag »in Orkney« sein. Man steigt morgens in Leipzig in ein Flugzeug und ist vor Mittag in Edinburgh. Von dort fährt man sieben Stunden mit dem Zug bis nach Thurso, dann geht's aufs Schiff, und schon ist man da.

Wir waren in Stromness, das die Bewohner »unsere Hauptstadt« nennen, obwohl es nur 2000 Einwohner hat. Auf dem Zeltplatz waren wir die ältesten Zeltler. Das heißt, eine Nacht lang mußten wir die Führungsposition abgeben. Am späten Nachmittag war ein österreichischer Bus mit Anhänger gekommen, der fünf Schock Pensionäre ausgespien hatte, die in Windeseile sechsundzwanzig Zelte aufrichteten und aus dem Heck des Fahrzeugs eine Küche mit Grill holten. Zwei Köche erwiesen sich als wahre Meister, und da es Gulasch mit Knödeln im Überfluß gab, profitierten auch wir davon.

Am Abend machte die muntere Truppe Gesellschaftsspiele, später wurde nur noch Bier getrunken.

Als wir am nächsten Morgen aus dem Zelt krochen, sahen wir gerade noch, wie die letzten Zeltsäcke mit Wiener Charme in den Bus befördert wurden. Krach! Gepäckboxen zu! Und ab ging's in Richtung Heimat!

Wir kochten auf unserem JUWEL-Benzinkocher Kaffee und schlenderten dann am Strand entlang in den Ort. Neben Muscheln fanden wir jede Menge mit Gummibändern zusammengebundene, etwa zehn Zentimeter lange Krabbenscheren. Sie stammten vom frühmorgendlichen Krabbenfang. Sofort nach dem Fang mußten die Scheren gesichert werden, sonst könnte dem Fischer ab und zu ein Finger fehlen. Früher wurden hier vor allem Hummer gefangen, aber davon gab es kaum noch welche.

In der »Krabbenfabrik« wanderten die Krabben ins kochende Wasser. Danach wurden sie mit infernalischem Krachen per Hand in drei Teile zerbrochen. Ich wagte mich ins Innere, das mich an unser altes Waschhaus in Dresden-Trachau erinnerte: Ziegelfußboden, rostbraun gekachelte Wände. Da und dort – und dort auch noch – fehlten Kacheln, und der grobkörnige Putz glänzte anthrazitfarben.

Ich erfuhr, daß jeden Tag 2 400 (!) Kilogramm Krabben verarbeitet werden. Wobei der junge Mann nicht von Kilogramm sprach, sondern von 200 *stone*. Die Krabben werden aber nicht in Großbritannien verkauft, sie gehen vorwiegend nach Südfrankreich. In der EU gilt: Je länger die Lieferwege, desto köstlicher der Geschmack der Lebensmittel!

Im Einzelhandelsgeschäft an der nächsten Ecke konnten wir allerdings von dem, was heute morgen gefangen worden war, auch etwas kaufen.

Links der Straße, die South End heißt, obwohl es bis zu ihrem Ende noch ein ganzes Stück ist, liegt ein Brunnen, Login's Well, aus dem schon die Herren James Cook, Sir John Franklin und die *Hudson's Bay Company* ihre Schiffe mit Wasser versorgt hatten. Obwohl das Wasser gut war, brachte es den entsprechenden Unternehmungen kein Glück: Cook wurde in der Südsee ermordet, Franklin verschwand im ewigen Eis der Arktis, und die *Hudson's Bay Company* machte Pleite – wenn auch erst etwas später.

Im Museum fanden wir neben einer interessanten naturkundlichen Ausstellung Informationen über Walfang, Fischerei und Schiffahrt auf den Orkneys. Und in einer Vitrine ganz überraschend einen Nachttopf mit der Aufschrift »Kronprinz Wilhelm«. Auch die anderen Ausstellungsstücke sind deutscher Herkunft. Sie stammen von den 72 Schiffen der deutschen Seekriegsflotte, die sich am 19. August 1919 in Scapa Flow selbst versenkten, wo sie im Herbst 1918 interniert worden sind. In den dreißiger Jahren wurden die meisten gehoben, aber sieben liegen immer noch auf dem Meeresgrund. Darunter auch der damals gerade zwei Jahre alte Kreuzer »Dresden«. Da hätte ich als Dresdner natürlich gern etwas raubgetaucht.

Neben dem Museum stand früher die Whisky-Brennerei *Old Orkney* oder *OO*. Als sie 1920 geschlossen wurde, brach die Zeit der selbstgewählten Enthaltsamkeit an. Sie sollte bis 1947 andauern. Stromness hatte sich per Bürgerbeschluß für »trocken« erklärt. Aber seitdem ist ein halbes Jahrhundert vergangen ...

Im Museum gibt es noch eine Gedenkausstellung für Eliza Fraser, Bürgerin von Stromness, zu besichtigen. Ihre anrührende Lebensgeschichte diente Nobelpreisträger Patrick White als Hintergrund für seinen Roman »A Fringe of Leaves«. – Die zarte Eliza ließ 1835 ihre drei Kinder hier zurück, um ihren Mann James nach Australien zu begleiten. Er war Kapitän, und sie war schwanger. Auf der Rückreise strandeten sie im Great Barrier Reef vor der australischen Ostküste. Sie verlor ihr Kind. Aborigines nahmen beide gefangen. Der Mann wurde ermordet, die Frau wurde mit einer Mischung aus Holzkohle und Eidechsenfett von Kopf bis Fuß schwarz gefärbt und zur Sklavin gemacht. Wie die Frauen des Stammes mußte sie Pflanzen sammeln und Kleintiere fangen. Nach mehr als einem Jahr wurde sie von einem Sträfling befreit, der dafür fürstlich belohnt und selbst freigelassen wurde.

In Sydney erhielt sie eine Menge Geld und heiratete wieder einen Kapitän. In London aber trat sie als mittellose Witwe auf und täuschte sogar den Oberbürgermeister, der Geld für sie sammelte. Sie endete in einer Kuriositäten-Schau, wo sie sich für Geld zeigte »als einzige Frau, die nach einer Schiffskatastrophe von den Eingeborenen nicht aufgefressen wurde«.

Skara Brae – älter als die Pyramiden

Will in Leipzig jemand andeuten, daß etwas von hohem Alter sei, behauptet er: »Das ist doch älter als die Braunkohle!«

Auf den Orkney-Inseln vor der schottischen Nordküste sagt man: »Das ist doch älter als Skara Brae!« Also muß Skara Brae schon lange her sein. Weit hin ist es auf jeden Fall nicht. Man nimmt einfach einen kleinen Ausflugsbus in Stromness, wo uns die Nachtkälte von 6°C ohnehin aus dem Zelt getrieben hatte, dazu einen Fahrer, der Suppe, Getränke und belegte Brote verkauft und zwischendurch am Steuer sitzt, und los geht's!

Etwa acht Orkney-Besucher aus Spanien blickten uns traurig nach. Nicht, weil Schottland so kalt und stürmisch ist, sondern weil sie in unserem Bus keinen Platz mehr gefunden hatten. Nach einer halben Stunde überholte uns ein Minibus, aus dem die Spanier lachend winkten. Ein Mann aus Stromness hatte unsere Abfahrt beobachtet. Die Spanier taten ihm leid – so holte er seinen Bus aus der Garage und chauffierte sie nach Skara Brae.

Wir fuhren etwa eine halbe Stunde über Land, das heißt über Insel, denn West Mainland ist eine der Orkney-Inseln. Am südlichsten Punkt einer Bucht, der Bay of Skaill, fanden wir die kleine Steinzeitsiedlung Skara Brae.

Zuerst aber fanden wir Alan, der eine Uniform trug,

die an unsere frühere Bahnpolizei erinnerte. Auf den Schulterstücken ein breiter silberner Balken – Alan muß mindestens Ober-Kustos sein! Richtig. Er ist der Mann, der uns durch das 5000 Jahre alte Steinzeitdorf führen wird.

Und das ist noch nicht sehr lange möglich. Erst vor 25 Jahren wurden die letzten Ausgrabungen gemacht. Und bis 1850 war die Existenz von Skara Brae nicht einmal bekannt, weil die Siedlung unter einer Düne lag, die ein fürchterlicher Wintersturm erst in jenem Jahre ins Meer fegte. Seitdem präsentieren sich dem staunenden Auge zehn schmucke Steinzeithäuser.

Wobei das Wort »Haus« relativ zu betrachten ist, denn es gibt natürlich kein Dach. Aber es gibt »Möbel«: einen Herd, Vorratsbehälter, Betten und Tische. Sogar eine Art Kühlschrank ist vorhanden: Ein wasserdichter Behälter, der mit Krebsen, Fischen und anderem Meeresgetier gefüllt wurde. Selbst ein Abwassergraben fehlt nicht. Der ist auch vonnöten, denn es gab schon ein Ur-WC für die etwa 40 Dorfbewohner. Ja, mit Wasserspülung! Und das in der Steinzeit.

Unser Führer Alan schilderte das Leben im Steinzeitdorf als eine einzige Idylle: Die Häuser hatten am Rand eines kleinen Sees gestanden, den das Meer später schluckte. Die Dorfbewohner hatten Rentiersteaks und Brot, Fisch und Gemüse gegessen. Sie hatten miteinander gelebt, ohne kriegerische Auseinandersetzungen. Und warum hatte einer der Räume einen Spion, durch den man die »Hauptstraße« überblickte? Da nahm Alan verlegen seine Mütze ab und fuhr sich ratlos durchs angegraute Haar.

Wir dagegen fuhren weiter zum Ring of Brodgar, einem jener Rätsel aus grauer Vorzeit, die ihrer Lösung harren. Etwa 25 (von ursprünglich 60) bis zu zwei Meter hohe Steine stehen innerhalb eines Grabens *(henge)* im Kreis. Die tonnenschweren Blöcke sind vor 4500 Jahren 13 Kilometer weit über Land bewegt worden! Da blieb uns nichts weiter übrig, als vor Ehrfurcht zu versteinern!

Eine neue Welt

In Deutschland gab es in den zwanziger Jahren einen Ringkämpfer mit dem sprechenden Namen Hans Kämpfer, der zwar Deutscher Meister war, aber das Leben in Deutschland nicht meistern konnte. Er wanderte aus nach Amerika. Sein größter Wunsch ging nicht in Erfüllung: das Hausmädchen mitnehmen zu dürfen, das er ins Herz geschlossen hatte. Auch sie hatte einen sprechenden Namen: Irmgard Liebe – und war meine Mutter. Es war undenkbar, daß die Siebzehnjährige von ihren Eltern die Erlaubnis erhalten hätte, mit einem Mann nach Amerika gehen zu dürfen. Damit hatte ich die Chance verloren, in Amerika geboren zu werden.

Als Vorschulkind besaß ich von meinen Freunden bestaunte Basketballschuhe aus Amerika – »Ostzonenhilfe« aus dem Westen. Die Schwester von Onkel Georg schickte Sachen aus Amerika ins Nachkriegsdeutschland. Ein Teil blieb im Westen, ein paar Kleider, Hosen und Schuhe wurden nach dem Osten weitergereicht.

Mit 16 hatte ich eine Brieffreundin in Lansing, Michigan. Sie hieß Mary und schickte mir ein paar Ansichtskarten von ihrer nach Art eines Schachbretts gebauten Heimatstadt sowie eine Landkarte des Staates Michigan, publiziert von der *Standard Oil Company*. Achtung! Das war ja eine der Stützen des imperialistischen Wirtschaftsriesen USA, so hatte ich es in der Schule gelernt.

Als Schüler der Erweiterten Polytechnischen Oberschule konnte einen schon der Besitz eines solchen auf die Destabilisierung der DDR gerichteten Druckerzeugnisses aus dem ideologischen Gleichgewicht bringen. Aber gerade das machte den Besitz natürlich interessant. Und so habe ich die Karte heute noch. Benutzt habe ich sie nie.

Bis zu meinem 50. Geburtstag blieben dies meine drei »Begegnungen« mit Amerika. Im 51. Lebensjahr saß ich dann doch in einer Boeing. Der erste Langstreckenflug meines Lebens sollte mich in einer »Sardinenbüchse« nach Chicago bringen. Nun, einem geschenkten Gaul ... Die Flüge waren von der Lufthansa gesponsert. Auf Einladung des Goethe-Instituts durften wir mit unserem Kabarettprogramm »Wir sehn uns noch« im Mittleren Westen, in Texas und in Kalifornien gastieren. Eigentlich hatten wir die Einladung einem Goethianer zu verdanken, der uns während seines Heimaturlaubs in Leipzig gesehen hatte und sich im Gegensatz zu seiner Kollegin aus New York nach zwei Jahren noch daran erinnerte, daß er uns »gern einmal in den Staaten begrüßen« würde. Deutsches Kabarett in den USA, das war ein Wagnis. Drei ausverkaufte Vorstellungen in Los Angeles, eine in St. Louis und je eine in Dallas und Houston belohnten den Mut.

Mit dem »Land der unbegrenzten Möglichkeiten« hatte ich stets Kriminalität (»Hier geht's ja zu wie in Chicago!«), Anonymität und Rassismus verbunden. Martin Luther King und Angela Davis, Black Panther und Louis Armstrong, das war Amerika für mich gewesen. Beschränkung und Beschränktheit haben eben einen gemeinsamen Wortstamm.

Und dann traf ich in Los Angeles die Familie Bamberger, die von den Nationalsozialisten aus Leipzig vertrieben worden war. Henry Bambergers Eltern hatte das Kaufhaus »Bamberger und Hertz« am Augustusplatz gehört.

Mein Kollege Bernd-Lutz Lange hatte bei den Recherchen zu einem Buch über jüdische Schicksale ehemaliger Leipziger Henry Bamberger und seine Frau Margot kennengelernt und war von ihnen eingeladen worden. Aber auch meine Frau und ich sowie unser Pianist Rainer Vothel wurden wie gute alte Bekannte in Beverly Hills aufgenommen. Wir besuchten sie in ihrem Haus, das gediegen ausgestattet war, aber keineswegs Reichtum zur Schau stellte. Von Picasso bemalte Wandteller standen auf einem Bord, als seien sie eben noch benutzt worden.

Einer Einladung Bambergers zu einem »Picknick« im Wilshire Regent Hotel folgten wir mit besonderem Vergnügen. Wir schlenderten lässig durch die Hotelhalle, in der Julia Roberts als »Pretty Woman« im Supermini für Verwirrung gesorgt hatte. Uns folgten allerdings kaum bewundernde Blicke ...

Überhaupt erregten wir in den Staaten keinerlei Aufsehen, wenn wir unsere Herkunft erwähnten. »O yes, Laipsik. Is it in Germany? Near Dusseldorf?« Nach einiger Zeit lokalisierte ich unsere Heimatstadt mit »südlich von Berlin«. Andererseits hatten viele Amerikaner den Fall der Mauer mit großem Interesse verfolgt und konnten mit Details aufwarten, die wir schon wieder vergessen hatten.

Als Deutsche wurden wir unabhängig von unserem Alter und unserer Herkunft unterschiedslos Ansprechpartner für »Volksdeutsche aus Jugoslawien«, »Volksdeutsche aus Rumänien«, »Chemnitzer Sachsen«, »Teilnehmer am U-Boot-Krieg auf dem Atlantik«.

In Dallas stellte sich mir ein etwa 35jähriger untersetzter Besucher unserer Kabarettveranstaltung mit dem Namen »Bierwinkel« vor. Er sei Deutscher und wolle seiner siebenjährigen Tochter Kabarett zeigen. Er spreche zwar nicht deutsch, verstehe es aber, da er alle Schallplatten von Kurt Weill und Bert Brecht besitze. Ich fragte ihn, wann seine Familie nach Amerika gekommen sei. »Wir sind noch nicht lange hier. Erst seit 1848.«

Die Mehrzahl unserer Zuschauer waren Deutsche. Viele von ihnen hatten Anfang der fünfziger Jahre Ostdeutschland in Richtung Westen verlassen, waren aber nicht dort geblieben, sondern in die USA »weggemacht«, wie uns ein Chemnitzer erzählte. Dessen sächsischer Dialekt hatte unter 40 Jahren Auslandsaufenthalt überhaupt nicht gelitten.

Bedeutend mehr Schwierigkeiten bereitete das Deutsch-Sprechen mit Erika, die wir im »Tal des Todes« trafen. Sie war mit einem GI in die USA gekommen und nach der Trennung auf abenteuerliche Weise in die Wüste verschlagen worden. Jetzt war sie Bardame in einer fensterlosen Steinbaracke, die als Werkzeugschuppen getarnt war, denn Erika besaß keine Ausschanklizenz. Wir besuchten sie vormittags um elf, als es in der Bar schon ziemlich voll war. Draußen waren mehr als 30°C, aber hier im bläulichen Schummerlicht fröstelte es mich. Doch das mochte auch an dem Thema liegen, das einer der Gäste anschnitt, kaum daß sich die hüpfenden Eiswürfel in meinem Glas mit Tonic Water beruhigt hatten: »Die Deutschen haben doch in den Konzentrationslagern den Menschen die Haut abgezogen und Lampenschirme draus gemacht!« Nun, was soll man auf solch eine Äußerung antworten, im »Tal des Todes«, morgens um elf? Ich versuchte, auf mein Alter zu verweisen, darauf, daß auch Deutsche gegen die Nazis gekämpft hatten. Vergeblich. Die Deutschen seien alle Faschisten, aber wir sollten es nicht persönlich nehmen!

Ansonsten trafen wir in Kalifornien vor allem auf fröhliche, freundliche Menschen. Die meisten lebten außerordentlich bescheiden. Die Zimmermädchen in den Hotels verdienten so wenig, daß sie wirklich auf den täglichen Dollar angewiesen waren, den wir morgens auf den Tisch legten. Trotzdem hörten wir niemand jammern. Allerdings existieren die sozialen Unterschiede seit je in dieser Form, und außerdem scheint in Kalifornien an 320 Tagen im Jahr die Sonne.

Hollywood, L. A.

Unsere Vorstellung im ausverkauften Goethe-Institut lief erstaunlich gut. Die Zuschauer waren Deutsche und Amerikaner, aber auch ein russischer Klavierstimmer, Vertreter der Leipziger Firma Blüthner, war unter ihnen, und eine Ostberliner Laborantin, die über Westberlin und Großbritannien nach Los Angeles gekommen war. Unser Pianist spielte auf einem Klavier mit dem Aufkleber »Ich komme auch aus Leipzig«.

Wir wohnten im Beverly Garland Hotel, und nach HOLLYWOOD war es nicht weit. Von einem Hügel sahen wir die weltbekannten weißen Lettern am gegenüberliegenden Hang in der Morgensonne leuchten. Die in Parks versteckten Villen der Filmstars wirkten nicht besonders aufregend. Auch der Sunset Boulevard war weniger beeindruckend, als wir ihn uns vorgestellt hatten. Eben eine breite Palmenallee mit riesigen Werbetafeln. Und der *Walk of Fame*, wo viele Große des Films ihren Abdruck im feuchten Beton hinterlassen hatten, erzeugte keinesfalls das Gefühl der Erhabenheit. Also blieben nur noch die Universal Studios, die Traumfabrik Hollywoods.

Obwohl der Andrang groß war, gab es keine Staus. Alles ging wie am Schnürchen, und man war umgehend seine 29 Dollar Eintrittsgeld los. Die typisch amerikanischen Studios gehören jetzt einem japanischen Konzern.

Zuerst wurden uns Filmstars einer ganz eigenen Kategorie vorgestellt: Tiere. Sie trugen illustre Namen. So hieß ein Esel Einstein, ein Hund Beethoven. Da dieser recht langsam reagierte, vermuteten wir, er sei taub – was wiederum den Namen rechtfertigte. Danach durften wir einer Western-Show beiwohnen. In einer Art Hippodrom wurde wild geritten, geschossen und gezündelt. Blockhütten brachen zusammen, Menschen fielen vom Dach und in den Brunnen. Als sich der Rauch verzogen hatte, stand alles wieder an seinem Platz.

In einem offenen Bus fuhren wir durch die Studios. King Kong begrüßte uns mit Brusttrommeln, Frankenstein schüttelte uns die Hand, und bei der Fahrt durchs Rote Meer schwappte das Wasser etwas zu früh zurück, so daß wir bis zu den Knöcheln im kühlen Naß standen. Doch es sollte noch schlimmer kommen. Eine Fahrt im futuristischen Wagen brachte uns vier Minuten lang »Zurück in die Zukunft«. Wenige Meter vor unseren Augen lief ein Film ab, der die Illusion erzeugte, man sei selbst mittendrin im Geschehen. Besonders erbaulich war der Sturz in einen Vulkan. Das konnten nur starke Sachsennerven ertragen.

Bitterfeld im Tal des Todes

Morgens waren wir im Yosemite National Park mit Schneeketten abgefahren, hatten uns über den letzten Paß gequält und die 2000 Jahre alten rotstämmigen Sequoias, Nadelbäume mit eisenhartem Holz, besucht, abends waren wir schon am Rande des berüchtigten *Death Valley* (Tal des Todes), wo die Temperaturen auch im Dezember Backofenqualität erreichen können.

Auf der zugegebenermaßen nicht allzu anspruchsvollen Straßenkarte gab es einen winzigen Ort, wo wir in einem Motel die Nacht verbringen wollten. Als die Dämmerung die Berge des Panamint Range langsam mit dem Himmel verschmelzen ließ, erreichten wir eine Kleinstadt, die heimische Gefühle in uns weckte: Die Häuser wurden fast erdrückt von einem Wirrwarr von Säurebehältern, Kühlschlangen und Stahltürmen. Blankes Metall reflektierte die letzten Sonnenstrahlen des Tages, die Luft erinnerte an Bitterfeld in seinen »besten« Zeiten. Wir waren in Trona am Rande des *Death Valley*.

Ohne uns umzublicken, ließen wir den Ort hinter uns, überquerten einen Güterverschiebebahnhof und näherten uns dem »Tal des Todes«. Am Rande der Wüste, wo man kaum noch einen Baum sah – für eine Wüste eigentlich nicht ungewöhnlich –, konnten wir noch einmal tanken. Daneben ein kleiner Laden, wo man Mineralwasser, Sandwiches und eine Gartenschere kaufen konnte. Zwei ältere Damen kamen durch einen Vorhang ins spärliche Lampenlicht geschlurft. Sie erinnerten mich an Charaktere aus Roald Dahls Kurzgeschichten. Aber während dort die Besucher vergiftet und ausgestopft werden, verkauften sie uns hier ganz freundlich einen »Sixpack« Bier und ein halbes Brot. Von ihnen erfuhren wir auch, daß das Motel des Wüstenvorpostens mangels übernachtungswilliger Wüstenwanderer sang- und klanglos eingegangen war.

Also blieb uns nichts weiter übrig, als unseren Mustang – der übrigens ein Chevrolet war – zu wenden, noch einmal unser geliebtes Trona-Bitterfeld zu durchqueren und ein Motel in einer nun schon im Dunkel liegenden Kleinstadt namens Ridgecrest anzusteuern ...

Die Motels in den USA – oder sagen wir in California – sind eine famose Einrichtung: Sie sind spottbillig, klinisch sauber und liegen direkt an der Fernverkehrsstraße, am Highway. Und das schönste ist: in den beiden französischen(!) Betten, die im Zimmer stehen, können bequem zwei Erwachsene und drei Kinder schlafen. Oder ein Erwachsener und vier Kinder. Oder vier Erwachsene ..., ohne daß sich der Preis ändert! Die Motels haben natürlich auch einen Nachteil: Morgens um sechs starten die Dienstreisenden voll durch, bis das Gebäude vibriert. Und noch etwas: Es gibt kein Frühstück, das heißt auch keinen Kaffee. Zumal *the good old American coffee* auch kein Kaffee ist, sondern eine Art »Blümchen-Aufguß«, eine Bohne auf die Tasse oder so. Gefährlich ist er nicht wegen seines Koffeingehalts, sondern wegen der Temperatur, mit der er serviert wird. Sie liegt knapp unter dem Siedepunkt.

Zum Abendessen suchten wir nach einem landestypischen Restaurant und landeten in einem *vegetarian*. Es war *self-service*, und es gab eine Riesenauswahl an frisch zubereiteten Salaten und gebackenem Gemüse. Dazu mochte uns ein kalifornischer Wein munden. Aber unsere Bitte rief bei der thailändischen Dame an der Bar einen entsetzten Augenaufschlag und ein verständnisloses Kopfschütteln hervor. *No alcohol!*

Orangensaft aus frisch gepreßten Früchten schmeckt zwar nicht wie Radeberger Pilsner, hat aber auch eine schöne Farbe.

Und so starteten wir am nächsten Morgen fröhlich ins »Tal des Todes«. Was man dort nicht unbedingt erwartet, ist eine Begrüßung durch Tiere. Doch schon auf dem ersten Parkplatz beäugte uns mißtrauisch eine Coyoten-Mutter mit ihrer Tochter. Beide waren sehr schlank. Sie trollten sich, als wir näher kamen.

Aber auch die Menschen im *Death Valley* waren sehr freundlich. In einer Hütte am Rande der Wüste kauften wir ein paar kleine Bücher mit der *Story Behind*, Hintergrundmaterial über die Landschaft. Als wir gingen, schenkte uns die Inhaberin ein Informationsblatt mit dem Titel »Willkommen im Tal des Todes«. Dann konnte es ja nicht so schlimm sein. Allerdings wurden wir schon auf der zweiten Seite vor Skorpionen und Klapperschlangen gewarnt und davor, »Hände oder Füße dorthin zu stecken, wo man sie nicht sehen kann«.

Das »Tal des Todes« ist der heißeste Fleck Nordamerikas, dessen tiefster Punkt sich 85 Meter unter dem Meeresspiegel befindet. Nur das Tote Meer liegt noch tiefer. Dafür ist das *Death Valley* töter. Der töteste Punkt heißt *Badwater*, obwohl gar kein Wasser da ist. Aber Salz. Und dort lebt ein Fisch. Nein, kein Salzhering, sondern ein lebendiger Fisch. Und auch nicht nur einer. Sondern ein ganzer Sumpf voll. Er heißt *pupfish*, also Pappfisch, ist aber gar nicht aus Pappe, sondern aus Fisch und Blut. Wie er bei Temperaturen zwischen 0°C und 50°C überleben kann, ist unbegreiflich, aber er macht es einfach.

Landung in Australien

Wir hatten dreifach Glück bei unserer Landung in Australien: Erstens gelang unserem Piloten die Landung gleich beim ersten Anlauf, also beim Anflug. Daß es nicht immer so sein muß, sollten wir später noch erfahren. Zweitens hatten wir ein gültiges Einreisevisum, das auch von der australischen Paßkontrolle akzeptiert wurde. (Egon Erwin Kisch mußte vor 67 Jahren vom Schiff springen, um auf australischen Boden zu gelangen!) Und drittens ließ uns der Zollbeamte mit bissigem Gesicht und einem einladenden Knurren passieren, obwohl meine Frau ein Päckchen Waffeln aus Wurzen in der Handtasche hatte. Bei dem Beamten handelte es sich um einen Vierbeiner aus der Familie der Beagles, der aus dem Flightbag der netten Amerikanerin vor uns gerade einen schönen Apfel herausgeschnüffelt hatte, welcher in hohem Bogen in den Quarantäne-Eimer flog. Warum dieser so hieß, blieb unklar, denn der Apfel befand sich dort keineswegs nur in Quarantäne!

Als wir die Ankunftshalle betraten, wurden wir ganz herzlich von einem Australier, einem »Aussie« – sprich: Ossie! – begrüßt, der ansonsten aussah wie ein kanadischer Holzfäller. Das war er aber keineswegs. Er war der Fahrer eines Shuttle-Busses, der zwischen Flughafen und Hotels pendelte. Er verkaufte uns im Handumdrehen einen Fahrschein zu unserem Hotel und gleich wieder zurück. Dabei waren wir doch gerade erst angekommen? Dann verschwand er in einem Kiosk und begann zu telefonieren. Nach einer halben Stunde beruhigte er uns: Er warte nur noch auf die Ankunft der nächsten beiden Maschinen. Die kamen dann auch bald. Und mit klappernden Schiebetüren und quietschenden Bremsen ging es hinein nach Sydney, Heimstatt von 3,7 Millionen Sydneysidern – der Ort, von dem es heißt: »Sydney macht süchtig.«

Dieses Gefühl hatten wir vorerst nicht. In dem Kleinbus war es stickig wie im Tropenhaus des Botanischen Gartens. Wir fuhren durch Gewerbegebiete, die so gar nichts von der pink- und ockerfarbenen Frische ostdeutscher Neumärkte hatten. Nun ja, wir waren schließlich auf der anderen Seite des Erdballs und nicht in Radefeld.

Das wurde uns vollends bewußt, als wir vor einem der renommierten Hotels in Sydney aus dem Bus kletterten. Wir waren bei –5°C in Leipzig gestartet, bei 0°C in London zwischengelandet, hatten ein paar Tage bei 20°C in Hongkong verbracht und waren nun bei sommerlichen Temperaturen um 23°C im australischen Südosten.

Die uns anerzogene Bescheidenheit hatte uns Mittelklassehotels buchen lassen. Doch Sydney bildete eine Ausnahme: ein Zimmer mit *harbour view*, mit Blick auf den Hafen und die berühmte Oper, war uns empfohlen worden. Und das gab es nur in einem der weniger preiswerten Hotels. Also hinauf in den zwölften Stock! Panorama-Fenster und ein Blick! Was heißt ein Blick. Man konnte stundenlang aus dem Fenster schauen ...

Leider ließ sich das Fenster wegen der Klimaanlage nicht öffnen, sonst hätte man ein Kissen aufs Fensterbrett legen und – sich mit gekreuzten Armen darauf stützend – das Auge schweifen lassen können. So wie es unser Nachbar in Dresden-Trachau immer zum Feierabend gemacht hatte. Allerdings konnte der lediglich die Kirschbäume in Dr. Wilhelms Garten und eventuell noch die Uhr an der Schule dahinter sehen, während sich uns rechts die Skyline mit den Silhouetten der Hochhäuser bot. Vor uns lag der Hafen, dahinter der Botanische Garten, die Hügel am Stadtrand, die Oper und links der »Kleiderbügel«, die Harbour Bridge, über deren Stahlträger seit 1997 Klettertouren führen.

Der Hafen, den wir aus unserem Fenster sahen, war natürlich nur ein kleiner Teil des ausgedehnten Naturhafens, der sich über 55 Quadratkilometer erstreckt, ein Gebiet, fast so groß wie Manhattan. Da die Stadt um die Bucht herumgebaut wurde, kommt man mit einer der 14 Fährlinien oft schneller ans Ziel als mit dem Bus.

Uns fiel die Wahl der Verkehrsmittel ohnehin nicht schwer, denn wir bewegten uns bevorzugt auf Schusters Rappen. Jetzt – nach unserer Ankunft im Hotel – bewegten wir uns allerdings erst einmal in Richtung Bad und Bett. Der mehr als zehnstündige Nachtflug forderte trotz des vormittäglichen Sonnenscheins seinen Tribut.

Da! Ein Schrei aus dem Badezimmer. Ein Krokodil in der Wanne? Jetzt nur nicht die Nerven verlieren. »Nicht das Wasser ablassen!« rief ich mutig. Doch was da im Marmor-Bad herumlief, das war – und das ist kein Scherz – eine Kakerlake! Daß diese possierlichen Tiere im Ernstfall den Ernstfall überleben können, war uns bekannt, daß sie uns im Badezimmer eines *first-class hotels* in Australien begrüßen würden, hatten wir nicht erwartet. Ich war jedoch – mit Hilfe eines Kleenex-Tuches – im Handumdrehen Herr der Lage. Ein Druck auf die Toilettenspülung, und schon war alles wieder gut. Oder besser gesagt: Es hätte gut sein können. Denn der eiligst gerufene *house boy* versicherte uns, daß er seit der Eröffnung des Hotels vor vier Jahren hier arbeite und noch nie auch nur das Bein einer Kakerlake zu Gesicht bekommen habe. Mit diesen Worten sprühte er aus einer riesigen Dose – hoffentlich ohne FCKW! – Insektenspray unter die Betten und ließ eine mittelgroße Käferleiche unauffällig in der Hosentasche verschwinden. »Es gibt hier absolut keine Insekten! Für alle Fälle ...« Damit stellte er die Spraydose auf den Fußboden und verschwand mit einem gewinnenden Lächeln.

Wir wollten gerade ins traumversprechende Bett taumeln, als unser Blick auf die achtlos über einen Stuhl geworfenen Jacken fiel. So weit war es also schon mit uns gekommen! Wo blieb die sprichwörtliche deutsche Ordnung? Meine Frau raffte sich auf: »Ich häng noch die Jacken in den Schrank.« Pause. Fast tonlos: »Komm bitte mal ganz schnell her!« Ich zog den Fuß aus dem Bett, der schon fast eingeschlafen war. Unhörbar pirschte ich mich an den Wandschrank heran. Hinter der halbgeöffneten Schiebetür sah ich zwei Jacken und eine Kakerlake. Alle drei unbeweglich. Ohne sie aus den Augen zu lassen, bückte ich mich nach der Spraydose. Als ahnte sie die drohende Gefahr, flitzte die Kakerlake aus dem Schrank ins Bad. Ich flitzte hinterher. Die Spraydose im Anschlag. Zwei scharfe Stöße aus nächster Nähe.

Das mußte tödlich wirken, meinte ich. Weit gefehlt! Außer einer leichten Einschränkung der Motorik war keine Wirkung zu bemerken. Ich griff in die Hosentasche: eine Schachtel Riesaer Zündhölzer! Nein, keine Brutalitäten! Ich schüttete die Streichhölzer auf die Terrakotta-Fliesen und bugsierte das Tier in die Schachtel, die ich mit einem Gummi sicherte. Dann riefen wir den

Zimmerservice. Ein strahlender junger Mann mußte die Schachtel mit einem Gruß an die Hotelleitung überbringen, nachdem er mit zur Decke gewandtem Blick beteuert hatte, im Hotel noch nie auch nur ein Insekt gesehen zu haben.

Wir hätten es wissen müssen: Die australische Fauna ist die interessanteste der Welt, und meist trifft man ganz unerwartet auf die zauberhaftesten Geschöpfe ...

Tip für Touristen oder Warum man als Weltreisender immer eine Schachtel Riesaer Zündhölzer mit sich führen sollte

Kaum waren wir in Morpheus' Armen entschlummert, als ein vorsichtiges Klopfen mich weckte. Wer konnte das sein? Niemand wußte, daß wir hier waren.

Vor der Tür stand wieder der strahlende junge Mann, dessen Lächeln mich an den Sarotti-Mohr auf dem Küchenregal meiner Großmutter erinnerte. Allerdings hatte er keine Kakaodose in der Hand, sondern zwei Seifenschachteln von Nina Ricci mit einem kleinen Billett. Darauf entschuldigte sich die Chefin des Zimmerservices für die »besagte Unannehmlichkeit«, sie hoffe, daß Nina Ricci uns helfen würde, allen Frust abzuwaschen.

Damit hielten wir die Angelegenheit für erledigt. Als wir abends von einem ersten Stadtbummel ins Hotel zurückkamen, fanden wir eine Mitteilung vor, daß wir herzlichst gebeten würden, den Hotelchef anzurufen. Dieser erkundigte sich nach unserem Wohlbefinden und drückte uns sein »tiefstes Mitgefühl betreffs des bedauerlichen wiewohl unerklärlichen Vorkommnisses« bei unserer Anreise aus. Er müsse allerdings annehmen, daß die Na-Sie-wissen-schon mit unserem Gepäck ins Hotel geschleust worden seien. Das käme immer wieder vor, besonders bei Japanern. Daraufhin erklärte ich ihm, daß meine Körpergröße von 1,64 Meter ihn nicht berechtige, mich als Japaner abzustempeln. Außerdem wisse ich um die Problematik der Kakerlaken, die selbst *first-*

class hotels nicht verschonten. Ich sei selbst vom Fach, und mein Freund sei Manager in einem mittleren Hotel in New York. Meine verständnisvolle Stimme schien ihm die Zunge zu lösen. Man habe erst kürzlich gegast, selbst in den Zimmern des Personals. Es sei ihm unverständlich, woher die Tiere kämen. Er wolle uns für den Schreck in der Mittagsstunde gern entschädigen. Da wir die Reise schon in Deutschland bezahlt hätten, wäre jedoch kein Preisnachlaß möglich. Ich stutzte kurz und bat, über einen kostenlosen Frühstücksvoucher nachzudenken. Da in Australien das Frühstück nicht im Übernachtungspreis enthalten ist, sollte jeder von uns im Hotel täglich 35 Mark fürs Frühstück berappen.

Am nächsten Morgen fanden wir einen diskreten Briefumschlag, den man in der Nacht unter der Tür hindurchgeschoben hatte. Er enthielt zehn Frühstücksvoucher und eine Entschuldigung des Hoteldirektors. Der Aufenthalt in Sydney war somit frühstücksmäßig abgesichert.

Bei unserer Abreise dachten wir wehmütig an die Streichholzschachtel, die der lukrativen Kakerlake sicher zum Sarg geworden war. Vielleicht sollte man auf Reisen immer eine Riesaer Streichholzschachtel in Reserve halten?

Schwarz-Rot-Gelb

Wenn ich in Leipzig einkaufe, entgehen mir die interessierten Blicke mancher Kunden nicht. Nein, nicht ich bin so interessant. Es ist mein Leinen-Einkaufsbeutel. Genauer gesagt, die Flagge, die darauf abgebildet ist: ein schwarzer Streifen, darunter ein roter Streifen, in der Mitte ein gelber Kreis.

Der Frage, ob es sich um die neue schwarz-rot-goldene Flagge Deutschlands handele, folgt manchmal meine Erklärung: »Die Schwarzen haben die Roten besiegt, und alles wird beherrscht vom goldenen Mond.« Ein Verunsicherung signalisierendes Kichern antwortet mir.

Oder ich sage gleich die Wahrheit: »Es ist die Flagge der australischen Aborigines. Sie ist schwarz wie ihre Haut, rot wie die Erde und gelb wie die strahlende Sonne.« Ungläubiges Staunen auf dem Gesicht der jungen Frau, die sich mit zwei Schachteln Marlboro aus dem Staub macht.

Staub war auch das erste, was ich vor unserem Quartier in Yulara bemerkte. Er ließ sich nicht wegwischen. Es war feiner roter Sand, der Treppenstufen und Geländer bedeckte. – Um ehrlich zu sein, hatte ich weder die Absicht noch den Versuch gemacht, ihn wegzuwischen. – Natürlich, so mußte es sein im Roten Zentrum Australiens.

Die erste Begegnung mit der Wüste war unangenehm. Ich hatte die Sonnenbrille vergessen, die falschen

Schuhe an und war total übermüdet, weil wir morgens schon um fünf aufgestanden waren, um pünktlich auf dem Flugplatz zu sein. Wir wollten nicht auf der Straße gehen und hatten eine Fahrspur als Abkürzung gewählt. Ständig mußte ich stehenbleiben und den Sand aus den Sandalen schütteln.

Das nervte mich. Meine Frau lachte. Sie hatte gut lachen. Sie trug eine Sonnenbrille und feste Schuhe. Sie hatte keine Ahnung, daß es hier Skorpione und die giftigsten Spinnen der Welt gibt. Bisher hatten wir zwar noch keine gesehen, aber mir reichte es auch, wenn mich irgendwelche Dornengewächse stachen. Von den Moskitos, hier liebevoll *mossies* genannt, ganz zu schweigen.

Allerdings wußte ich zu diesem Zeitpunkt noch nicht, daß es in der Wüste nicht alle giftigen Tierarten gibt, von denen ich in Europa gehört hatte. Das ist zwar außerordentlich tröstlich, doch wenig hilfreich. Denn in der Wüste gilt: Was man nicht weiß, kann einem ganz schön einheizen. Besonders wenn das Thermometer morgens schon auf 30°C klettert.

An einem solchen Morgen hatten wir beschlossen, den *Uluru* zu besteigen, einen der größten Monolithen der Welt. Er liegt wie ein riesiges Kürbiskernbrot in der Wüste und wechselt je nach Lichteinfall die Farbe. Besonders interessant sieht er bei Sonnenauf- und -untergang aus. Innerhalb von 30 Minuten färbt er sich von Zartrosa über Rostrot bis Aschgrau. Der Uluru – von den Weißen *Ayers Rock* genannt – wurde 1985 den Ureinwohnern zurückgegeben. Sie sitzen gemeinsam mit weißen Australiern im Verwaltungsrat des Uluru Nationalparks.

Der Uluru ist ein heiliger Berg, und er sollte eigentlich nicht betreten werden. Da aber die meisten Touristen jegliche Hinweisschilder und Absperrungen ignorieren, ist ein schmaler Pfad zum Aufstieg freigegeben worden. Der Weg ist recht steil, und streckenweise muß man sich an Ketten hinaufziehen.

Wir waren munter losmarschiert, und nach einer Stunde Anstieg klopfte mir das Herz bis zum Halse. Als Flachlandindianer war ich steile Anstiege nicht gewohnt, obwohl es in unserem Land ständig bergauf gegangen war.

Auf dem Gipfel, immerhin 348 Meter hoch, pfiff ein für Wüstenverhältnisse eisiger Wind. Zum Glück hatten wir die in Australien obligatorischen Hüte auf. Leider fiel mir das am Hut befestigte Moskitonetz immer wieder über die Augen. Aber sonst war die Aussicht einzig. So weit der Blick reichte, erstreckte sich die Wüste.

Man muß sich dabei von der Vorstellung trennen, es handele sich um eine Sandwüste. Der Boden ist rostrot, manchmal felsig, bedeckt von Eukalyptusbäumen und Wüsteneichen. Die Wüsteneichen haben nichts gemein mit unseren Eichen. Sie sehen eher wie Nadelbäume aus. Die Blätter schrumpfen wegen der starken Verdunstung zu nadelförmigen Rudimenten. Ihre Samen springen erst bei über 200°C auf, bei einem Buschfeuer.

Die Ureinwohner haben früher streng begrenzte Areale abgebrannt, damit sich dort neues pflanzliches Leben aus verdorrten Gräsern und Buschwerk entwickeln konnte. Heute wird das in geringem Umfang von den Forstverwaltungen wieder eingeführt. Dabei ist schärfste Kontrolle angesagt, denn die verheerenden Brände, die in den letzten Jahren besonders die Vororte von Melbourne und Sydney heimsuchten, sind eine lebhafte Warnung.

Weißer Mann im Loch

Von Adelaide, der Hauptstadt Südaustraliens, ist es nur ein Katzensprung bis Kangaroo Island, Barossa Valley oder Coober Pedy. So war es in allen Werbebroschüren im Hotel zu lesen.

Wir benutzten für den Katzensprung ein Flugzeug, das in den frühen Morgenstunden in Adelaide startete und nach 14 Uhr in Coober Pedy aufsetzte.

Und schuld daran war ich.

In der Nacht vor unserm Start war ein tropischer Regenguß niedergegangen, der auch kleinere Bäume in eine ungewohnte horizontale Lage gebracht hatte. Als wir über den Flugplatz zur Maschine liefen, peitschte uns der Regen ins Gesicht, und der Wind jagte graue Wolkenfetzen über unsere Köpfe. Nach Sachsenart immer einen Scherz auf den Lippen, begrüßte ich den Piloten, der uns an der Treppe empfing, mit den Worten: »Na, werden Sie's denn packen bei diesem Sauwetter?« Worauf er mit einer lässigen Handbewegung versicherte: »Ich bin noch kein einziges Mal tödlich verunglückt.«

Ich fordere nie wieder Piloten heraus: Wir waren zwanzig Minuten in der Luft, als der Co-Pilot uns kichernd mitteilte, daß er sich ein wenig »verfranst« habe, aber kein Grund zur Unruhe bestehe. Eine halbe Stunde später sprach er plötzlich von »ungeplanter Zwischenlandung« und davon, daß es nicht lange dauern würde.

Wir kamen auf einem gottverlassenen Flecken mitten in der Wüste runter, der sich als regulärer Flugplatz einer kleinen Stadt etwas abseits von unserer Route erwies. Alle elf Passagiere mußten aussteigen und im Flughafengebäude warten, das so groß war wie unser Wohnzimmer.

Anfangs wurde uns der Grund der »Notlandung« verschwiegen. Später sahen wir, wie der Pilot mehrfach die Einstiegstür öffnete und schloß, in seine Kanzel kletterte und kopfschüttelnd wieder herauskam. »Die Warnleuchte vom Türschließmechanismus geht nicht aus. Wahrscheinlich stand die Tür während des Fluges offen«, meinte er lakonisch. »Sind denn noch alle Passagiere da?«

Wir schwiegen verbissen. Soeben begann, 600 Kilometer entfernt, die Bustour durch das Land der Opale, die wir gebucht hatten.

Ich hatte also doch recht gehabt, als ich kurz nach dem Start feststellte: »Mensch, hier zieht's ja wie Hechtsuppe!«, wobei ich mich seit meinen Kindertagen frage, wieso gerade Hechtsuppe zieht. Zum Trost erfuhren wir, daß sich in der nächsten Stunde eine Ersatzmaschine gemächlich in die Lüfte erheben würde, um uns aufzusammeln.

Beruhigt biß ich in das vierte Thunfischbrötchen – wir waren inzwischen mit einem Imbiß versorgt worden – und wagte einen Schritt vor die Tür. Das hätte ich nicht tun sollen. High Noon: 45 °C und weit und breit kein Schatten! Ein Schweißbach schwemmte mir die Sonnenbrille von der Nase. Rückzug ins klimatisierte Flughafenwohnzimmer.

Die Ersatzmaschine kam, unsere Mannschaft übernahm sie, und wir stiegen ein. Ich provozierte den Piloten mit einem kaum merklichen ironischen Augenzwinkern. »Sie sollten bei dem grellen Licht eine Sonnenbrille tragen!« riet er mitfühlend.

Wir erreichten Coober Pedy mit drei Stunden Verspätung. Aus der Luft sah die Gegend rings um die Opalstadt wie ein Landrücken voller kleiner weißer Pusteln aus. Das waren die Abraumhalden neben den Opalschächten: weiße Flecken auf rotem Grund.

Die Aborigines vom Stamm der Arabana nennen den Ort Kupa Piti, »weißer Mann im Loch«.

Er hat Buckleys Chancen

Als wir in Cairns, am nordöstlichsten Punkt unserer Reise, ankamen, holte uns Graeme, unser Gastgeber, vom Flughafen ab.

Namen und Adresse hatten wir von einem Freund in Deutschland erhalten. Und der hatte einwandfrei Graham gesagt. Was wir hörten, als Anne, seine Frau, ihn begrüßte, klang ganz anders. Sie nannte ihn Greim. Wir waren etwas verwirrt. Einen solchen Vornamen hatten wir noch nie gehört.

Gerade noch rechtzeitig erinnerten wir uns daran, wo wir waren. In *Oz*. In Australien, wo man sich wundert, daß man im Hotel zum Frühstück gefragt wird, ob man einen Dudelsackspieler am Tisch haben möchte. Nachdem wir drei Tage lang abgelehnt hatten, gab ich am vierten entnervt nach. Und im Handumdrehen lag auf unserem Tisch – nicht der Dudelsackspieler *(piper)*, sondern die Zeitung *(paper)*, die hier unten nur etwas anders ausgesprochen wird.

Sonst hatten wir mit dem *strine*, dem australischen Slang, keine allzu großen Probleme. Es waren ja kaum Australier in den Reisegruppen, mit denen wir herumfuhren. Und wenn es welche gab, waren sie aus Gesellschaftsschichten, in denen der Slang keine Rolle spielt. *Strine* geht zurück auf die Sprache ehemaliger Sträflinge. Auch die oben beschriebene Vorliebe, das »a« wie ein »ei« auszusprechen, stammt aus dieser Zeit.

Auffallend ist die Vorliebe der Australier für Kurzformen: »Abo« ist der *aborigine*, »footy« der *football*. Daß »deli« für *delicatessen* steht, wissen wir noch aus der Zeit der »Deli-Läden«. Aber daß *to light the barbie* keine Aktion zur Vernichtung der unsäglichen Barbie-Puppen ist, sondern nur ausdrückt: der Grill wird »angeworfen«, lernten wir in Aussieland.

Die beliebten Abkürzungen können – zumindest bei Zugereisten – auch zu Mißverständnissen führen. *Large passions* am Gemüseladen weisen nicht auf die großen Leidenschaften der Gemüsefrau hin, sondern zeigen an, daß bei ihr große Passionsfrüchte zu kaufen sind.

Unsere Freundin Sheila, eine Schottin, die jetzt bei Florenz wohnt, weiß sicher nicht, wie oft ihr Name in australischen Männergesprächen auftaucht. Denn *sheila* heißt jedes mehr oder minder hübsche Mädchen auf dem fünften Kontinent.

Als Leser fragt man sich vielleicht, warum das junge Paar in einer australischen Erzählung gerade in Redfern ausgestiegen ist, weil man nicht ahnt, daß der Autor schlicht und einfach von einem *Coitus interruptus* spricht.

Lange habe ich bei einer Übersetzung gegrübelt, warum der Held, der eine Bewerbung abgeschickt hatte, die gleichen Chancen haben sollte wie Buckley, der in der Erzählung überhaupt noch nicht erwähnt worden war. Erst ein australisches Wörterbuch – das nicht zur Standardausrüstung eines Übersetzers gehört – brachte Licht ins Dunkel. »Er hat Buckleys Chancen« heißt: Die Chancen für den Bewerber waren gleich Null. Wieso Mister Buckley allerdings dafür seinen Namen hergeben mußte, konnte mir bisher niemand erklären.

Ein Krokodil frißt keine harten Eier

Diese Behauptung, geäußert von unserem Bootsführer Graeme, mit dem wir Haus und Boot teilten, wollten wir unbedingt auf ihren Wahrheitsgehalt prüfen. Wir wußten durchaus, daß ein Papagei wohl solchermaßen gekochte Hühnerprodukte nicht mochte, vom Krokodil war uns dies jedoch keineswegs bekannt. Sollte der *Crocodylus porosus*, der hier durchschnittlich zwei Menschen im Jahr fraß und auch Touristen nicht verschmähte, plötzlich wählerisch geworden sein?

Wir würden es herausfinden. Mit einem Scherz auf den Lippen und einem Korb voll hartgekochter Hühnereier sprangen wir ins plumpe Aluminiumboot: Noch hatten wir gut lachen. In diesem Jahr waren schon zwei Touristen gefressen worden.

Die Krokodile traf dabei keine Schuld. Sie leben seit vier Millionen Jahren hier und betrachten die zunehmende Zahl von Touristen als willkommene Erweiterung ihres Speiseplans.

Weil sie Ende der sechziger Jahre fast ausgerottet waren – die Krokodile, nicht die Touristen! –, wurden sie geschützt. Die Touristen müssen sich selbst schützen. Tun sie aber nicht. Obwohl weithin sichtbare Schilder mit einem grünen Krokodil auf gelbem Grund vor der Anwesenheit der »Crocs« warnen, hört man immer wieder von mutigen Schwimmern, von denen man dann nichts mehr hört. Manchmal wird nach Wochen flußabwärts ein unverdaulicher Adidas-Schuh gefunden ...

Nicht nur, daß die Krokodile sich hervorragend in knietiefem Wasser verstecken, sie täuschen den Besucher auch noch durch ihren Namen. Denn das Salzwasserkrokodil, auch liebevoll »Saltie« genannt, schmeckt nicht nur nicht salzig, es kommt auch selten im Meer vor. Mit Vorliebe lungert es in Flüssen herum, kann aber ebenso überraschend 15 Meilen vor der Küste auftauchen.

Doch wir wollten ja die Sache mit den harten Eiern klären. Wir saßen also in einem 12 Meter langen und 4 Meter breiten Aluminiumboot, das durch seinen geringen Tiefgang auch die Seitenarme des Flusses und die flachen Stellen der Billabongs, der oft kilometerlangen, nicht ins Meer mündenden Flußarme, befahren kann. Ich stellte den Eierkorb auf den Bug, damit die Krokodile ihn schon von weitem sehen sollten. Da die Tiere zwei Drittel ihres Körpers urplötzlich aus dem Wasser schnellen können, setzte ich mich mit der Kamera im Anschlag etwas abseits. Die beiden Außenbordmotoren liefen im Schongang. Ein Seeadler kreiste über unseren Köpfen. Die Sonne versteckte sich hinter Regenwolken über dem Regenwald. Wir erwarteten den Regen bald. Aber vorher wollten wir ein *Saltie* mit harten Eiern traktieren. So sich eins zeigte. Schweigen über dem Fluß. Nur unterbrochen vom Pfiff eines pfeifenden Milans, der seinem Namen alle Ehre machte. Da! Zwei Meter vom Ufer! Ein Krokodil! Wir springen auf. Unser Bootsführer verzieht keine Miene und hält unbewegt das Steuerrad. – »Ein Logodil!« Wieder hat uns ein halbverrotteter Baumstamm, ein *log*, genarrt.

Das Boot zieht an Mangrovenwurzeln und Wasserlilien vorüber, wir sehen schwarze Störche und den Schlangenhalsvogel, den Jesusvogel, der übers Wasser zu schreiten scheint, und eine Fledermauskolonie, die sich durch starken Uringeruch ankündigt. Eine artspezifische Methode: verdunstende Flüssigkeit kühlt! Aber wo bleibt unser Krokodil? Die Eier werden in der Hitze zum zweiten Mal gekocht. Doppelt hält besser?

Spielerisch jongliere ich, kühn auf der Bugkante sitzend, mit drei Eiern. Schwupps, ein Ei versinkt im bräunlichen Wasser, ohne eine Spur zu hinterlassen, der ein Krokodil folgen könnte. Nun versinkt auch die Sonne spurlos im Regenwald. Die Dämmerung stürzt sich auf den Fluß. Der Tag wird bald ebenso zu Ende sein wie unsere Geduld.

Das Boot macht am Halteplatz fest. Wir klettern an Land.

Morgen fliegen wir nach Norden. Die weißen Eier im Korb schimmern matt.

Der erste Europäer im Outback

Fährt man auf der B 87 von Leipzig nach Frankfurt/ Oder, kommt man zwischen Lübben – berühmt durch die Spreewaldgurke – und Beeskow durch den allgemein nicht sehr bekannten Ort Trebatsch. Genau eine Woche nach Beginn der Völkerschlacht in Leipzig, am 23. Oktober 1813, wurde Ludwig Leichhardt hier geboren.

Fährt man von Normanton im Nordwesten des australischen Bundesstaates Queensland nach Burketown, kreuzt man etwa auf der Hälfte des Weges den Leichhardt River. Der Leichhardt River entspringt nicht allzu weit von Cloncurry, wo am 16. Januar 1889 eine Temperatur von 53,1°C gemessen wurde. Niemals war es in Australien heißer. Cloncurry liegt genau in der Mitte zwischen Normanton und dem Gebiet, wo Leichhardt 1848 spurlos verschwand.

Wer war Leichhardt, der mit 35 Jahren im australischen Outback, sechs Jahre nachdem er – aus London kommend – in Sydney gelandet war, verschwand?

Er hatte in Berlin und Göttingen, in London und Paris studiert, als Dreißigjähriger eine Expedition ausgerüstet und in 16 Monaten den gesamten Nordosten Australiens durchquert.

Mit preußischer Exaktheit notierte er alles, was er auf dem langen Marsch durch Busch und Wüste sah: Pflanzen, Tiere, Bauwerke. Er fertigte Karten an, entdeckte Kohlelagerstätten, untersuchte Bäume auf ihre Brauchbarkeit als Bauholz. Denn die »Sponsoren« seiner Expedition waren Unternehmer und Bankiers.

Als er 1846 nach unmenschlichen Strapazen wieder in Sydney auftauchte – seine Expedition hatte als gescheitert und er als verschollen gegolten –, erhielt er von der Regierung eine großzügige Prämie und private Gelder in beträchtlicher Höhe.

Sein Reisetagebuch erschien 1847 in London und 1851 deutsch in Halle. Er wurde ausgezeichnet von den Geographischen Gesellschaften in Paris und London.

Noch im Jahr 1846 brach er zur nächsten Expedition auf. Zweimal mußte er umkehren, der dritte Start gelang – doch mit welchem Ende? Von den sechs Männern, die im März 1848 nach dem Westen aufbrachen, hörte man nie wieder. Mehrere Expeditionen versuchten Leichhardts Schicksal aufzuklären – jedoch ohne Erfolg.

Noch bis in die dreißiger Jahre unseres Jahrhunderts hielt sich die Legende von Weißen, die im Landesinnern Australiens friedlich mit Aborigines zusammenlebten. Und immer wieder tauchte in diesem Zusammenhang der Name Ludwig Leichhardt auf.

Die Lebensgeschichte dieses Mannes ging ein in den Roman »Voss«, den der australische Nobelpreisträger Patrick White schrieb. Leichhardts Briefe erschienen 1968. In Australien tragen ein Fluß, ein Baum und verschiedene andere Pflanzen seinen Namen.

Ludwig Leichhardt blieb immer auf Distanz zu seinem Forschungsgegenstand. Nach der ersten Reise schrieb er in sein Tagebuch: »Ich war unbeschreiblich froh, mich wieder unter civilisirten Leuten zu befinden.« – Wir hatten nach dem Aufenthalt bei den Aborigines ein ganz anderes Gefühl. Allerdings bewegten wir uns per Flugzeug und im Geländewagen ...

Auf dem Traumpfad

Das Touristenzentrum Yulara befindet sich etwa 400 Kilometer südöstlich von Alice Springs, dem geographischen Zentrum Australiens, der letzten Bahnstation auf dem Weg nach Norden.

Uns war es gelungen, einen Platz in einer Mini-Reisegesellschaft zu ergattern, die zum Clan der Salamander-Menschen unterwegs war. Da die Gruppe aber bereits eine Woche vor unserer Ankunft abgefahren war, mußten wir per Flugzeug folgen.

Auf dem Flugplatz von Yulara stand eine viersitzige Cessna für uns bereit. Weil es ziemlich windig war, hatte man die Maschine angepflockt. Wir kletterten in die Kabine, und der Pilot zeigte uns als erstes die Handgriffe, die einen Notausstieg ermöglichen. Da der Pilot direkt vor mir saß, konnte ich sehen, daß er nichts sehen konnte. Zumindest beim Steigflug nicht. Die Instrumentenwand vor ihm erschien mir wie eine geheimnisvolle Mauer mit vibrierenden Zeigern und blinkenden Lämpchen, über der ein azurblauer Himmel und eine blendendweiße Sonne hingen. Nach einer halben Stunde überflog der Pilot eine Bergkette. Das hätte er nicht machen sollen. Die kleine Maschine – sie müßte eigentlich in unsere Leipziger Garage passen – geriet in Turbulenzen. Was tun? Den Piloten konnte ich nicht fragen, er hatte Kopfhörer auf. Doch bald lag die Maschine wieder ruhig in der Luft und setzte zu sanftem Gleitflug an.

Am Rand der Landepiste erwartete uns ein bärtiger Mann mit Hut. Er sah aus wie Karl Marx im Wilden Westen und hieß Terry. Für die nächsten Tage wurde er unser Fahrer, Koch und Ratgeber in allen praktischen Wüstenfragen. Sein Geländemobil, in das er uns freundlich hineinkomplimentierte, wirkte wie ein Amphibienpanzer, war aber ein harmloses, allradgetriebenes Wüstenmobil. Mit 60 Kilometern in der Stunde donnerte das Gefährt über Sandpisten zum Lager der Pitjantjatjara, wo wir von unserer Reisegruppe schon erwartet wurden.

Im Kreis um eine sechzigjährige Ureinwohnerin saßen eine Vertreterin des Reiseunternehmens – das den Aborigines gehört –, eine schlanke Australierin mit Sommersprossen und auffallend heller Haut, eine Lehrerin aus den USA, eine Tanzpädagogin aus Schweden und ein Umweltschützer aus Melbourne.

Wir hatten es uns gerade auf zwei Campinghockern bequem gemacht, da begann Nangyimintja, die Frau des Clanchefs Charlie, mit ihrer *dreamtime story*. Die Dreamtime ist die Zeit der Schöpfung. Jeder Clan hat seine eigene Geschichte, die auf mythische Vorfahren zurückgeht, und er besitzt ein Totem-Tier, das als Urvater verehrt wird. Es ist nicht nur Urahn, es hat auch die Landschaft geschaffen, in der der Stamm lebt. Das Totem-Tier darf nicht gegessen werden, und junge Leute dürfen nur heiraten, wenn sie unterschiedlichen Totems angehören.

Das Totem-Tier unseres Clans war *Nintacka*, ein Riesensalamander, der in der Dreamtime die uns umgebende Landschaft geformt hatte. Wir sahen Kratzspuren seiner Klauen an den Felsen, die versteinerten Buschzwiebeln, die er für die Menschen ausgespuckt hatte, seine steingewordene Männlichkeit ...

Salamander-Frauen schlugen die Klanghölzer und sangen während der Fahrt durch die Wüste. Ihre Lieder klangen wie eine beliebige Aneinanderreihung von Vokalketten, erzählten aber von Liebe, Jagd und Trockenheit. Eine Honigameisen-Frau durfte auch mitsingen, denn sie war mit Nangyimintja verwandt.

Verwandt sind die Ureinwohner eigentlich alle miteinander. Auf ihren Wanderzügen durch riesige Gebiete – fünfzig Aborigines konnten ein Land bewandern, das so groß wie Sachsen war – trafen sich mehrere Stämme meist einmal im Jahr zu wichtigen Zeremonien. Während dieser Begegnungen wurde auch geheiratet. Und irgendwann hatte sich im Laufe der Jahrtausende jeder Stamm mit jedem getroffen. Also waren alle in irgendeinem Grad miteinander verwandt. Vielleicht ist das der Grund, daß es zwischen den Stämmen niemals Kriege gab. Es gab ja keinen Besitz an Grund und Boden. Worum sollte man Krieg führen? Känguruhs gab es überall. Und *bush tucker*, Früchte und Kleingetier, gab es ebenso. Selbst Wasserstellen waren ausreichend vorhanden.

Als wir unter einem aus Zweigen geflochtenen Windschutz Mittagsrast machten, aßen die Frauen mit uns Roastbeef- und Käsesandwiches. Zum Ausgleich boten sie uns Honigameisen – deren mit Honig gefüllten Hinterleib man aussaugen mußte – und *witchety grubs* an. Das waren fette, etwa zehn Zentimeter lange Engerlinge. Die Ureinwohner aßen sie ungeröstet. Wir lehnten höflich ab. Der Arzt hatte mir ohnehin vor unserer Reise geraten, beim Ausprobieren fremder Gerichte diesmal etwas zurückhaltender zu sein. Dann würde auch das Herz bergan nicht so klopfen.

Daran dachte ich, als wir den Felsen erklommen, wo die Höhle lag, die schon dem flüchtenden Nintacka als Versteck gedient hatte, damals in der Dreamtime. Eine

Wand war mit Felsmalereien aus den letzten 20 000 Jahren bedeckt, mit geometrischen Zeichen und mit Strichzeichnungen in gelber und weißer Farbe. Wir konnten Dreiecke und Kreise mit einem Punkt in der Mitte unterscheiden sowie wellenförmige Linien und besenartige Gebilde. Daneben war eine Darstellung, die einem Krokodil ähnelte, obwohl es hier gar keine gab. Vielleicht sollte es Nintacka selbst sein, der Ur-Salamander. Die Stammesangehörigen wußten es aber auch nicht so genau.

Der Blick vom Felsen reichte bis zum Horizont. Roter Sand und knorrige Bäume, dürres Buschwerk und eigenwillig geformte Termitenhügel. Und etwa drei Kilometer vor uns erhob sich ein *willy-willy*, ein kleiner Sandsturm. Wie ein ungleichmäßiger, sich ständig verändernder, etwa 25 Meter hoher Trichter hing er senkrecht über dem Boden und wanderte nach Westen. Alles, was unter ihm lag, saugte er auf und wirbelte es nach oben. Ein paar Vögel wurden erfaßt und oben hinausgeschleudert. Doch statt das Weite zu suchen, stürzten sie sich mit schrillen Schreien wieder hinein. Verwundert fragten wir Terry, der seit seinem fünfzehnten Lebensjahr im Busch lebte, warum sie nicht wegflögen. Seine lakonische Antwort: »Es macht ihnen Spaß.«

Abends wurde am Lagerfeuer getanzt und gesungen. Nach anfänglichem Zögern ließ ich mich mit Acrylfarben anmalen. »Es ist ja nur für den Emu-Tanz«, wurde mir versichert. Ich habe zwar Lipsi und Tango gelernt, aber Emu kam in der Tanzschule nie vor. Doch es ist ganz einfach: Die Hände werden auf dem Rücken verschränkt, der Kopf wird rhythmisch nach vorn gestoßen. Dazu ein paar Schritte wie beim Slow-Fox.

Über dem Lagerfeuer lag ein ausgeweidetes Känguruh. Es wurde mit Fell »gegrillt«. Man kann durchaus ein

Stück Fleisch bekommen, an dem unten noch verkohltes Fell hängt. Aber Bockwurst mit Kartoffelsalat hatten wir sowieso nicht erwartet.

Ein unglaublicher Sternenhimmel wölbte sich über unseren *swags*, den Schlafsäcken mit Matratze. Das Kreuz des Südens hing über uns, und am Horizont glühte ein Komet mit unaussprechlichem japanischem Namen im Sternbild des Skorpions. In dem aus Zweigen geflochtenen Windschirm hinter uns raschelte es. Nur gut, daß es in der Wüste keine Skorpione gibt. Oder?

Nenn mich Betsy

Wer aus Deutschland nach Australien kommt, ist beeindruckt von der Tier- und Pflanzenwelt, bewundert die Landschaft, lernt die Menschen schätzen, die sich freimütig dazu bekennen, daß sie gern dort leben, selbst wenn es ihnen für unsere Verhältnisse nicht besonders gut geht. Sie sind stolz auf die erst zweihundertjährige Geschichte ihres Landes, das schon zum zweiten Male Gastgeber für die Olympischen Spiele war. Ihre Vorfahren kamen aus England und Irland, aus Deutschland und Italien. Und heute sind sie alle Australier, ohne Unterschied.

Doch irgendwann auf der Reise durch das Land, das größer ist als Europa, tauchen sie auf, die Aborigines, die Ureinwohner Australiens, deren Geschichte schon 40 000 Jahre zählt.

Sie, denen einst das Land gehörte, wurden bei der Besiedlung getötet oder vertrieben. Ihr Schicksal glich dem der nordamerikanischen Indianer. Und wie diese kämpfen sie um ihre Rechte. Seit dreißig Jahren besitzen sie das Wahlrecht, und der Anspruch auf ihr angestammtes Land ist seit wenigen Jahren Gesetz.

Die Regierung versucht, das begangene Unrecht mit Geld vergessen zu machen. Man baut Schulen für die Aborigines, richtet ihnen eine eigene Hochschule ein. Aber in den Städten sitzen viele vor den Schnapsläden und versuchen die Zeit totzuschlagen. Sie sind krank, sterben früh, die Kindersterblichkeit ist enorm. Sie werden »ausgezahlt«, in der Mehrzahl nicht in die Gesellschaft einbezogen. Sie haben ihre Wurzeln verloren.

Kurz vor unserer Heimreise trafen wir in der Abenddämmerung am Strand von Darwin ein paar »dunkle« Gestalten: eine Frau, zwei Männer, Bierbüchse in der Hand, wirres Haar und verwegene Kleidung. Es waren Aborigines. Sie warnten uns davor, ins Wasser zu gehen – die giftigen Würfelquallen waren aufgetaucht.

Die Frau reichte mir die Hand. Wie es mir gehe, wollte sie wissen. Sie heiße Bettina, aber ich könne sie ruhig Betsy nennen.

Wo kommt denn das Opossum her?

Eine Reise nach Australien ist wohl immer mit der Vorstellung von Exotik verbunden. Wer denkt nicht an possierliche Känguruhs, absonderliche Schnabeltiere, Wüsten, Regenwald und Korallenriffe.

Unsere Tierbekanntschaften nach der Ankunft waren eher profan: Ein Beagle – den wir schon von unserer Hundewiese im Rosental kannten – als Schnüffler bei der Einwanderungsbehörde auf dem Flughafen, zwei Schaben im Hotelzimmer, Fliegen, Hunde, Spatzen, Möwen und Enten.

Keine große Ausbeute! Aber wer hockte dann im Botanischen Garten von Sydney in der Astgabel eines ausladenden Baumes? – Ein Opossum!

Nun hatten wir noch nie in unserem Leben ein Opossum gesehen. Wo hatte es in der DDR schon Opossums gegeben? Wo es nicht einmal eine richtige Opposition gab! Auch hatte ich bei meinem Fleischer in der Mendelssohn-Straße nie Opossum-Steaks gesehen, nicht mal unter der Ladentafel.

Da hockte das dickfellige katzengroße Tier mit einer rosa Schnauze und blinzelte unzufrieden in die Sonne. Dafür hatte ich Verständnis, denn die Opossums sind nachtaktiv. Ich ging näher heran und wollte es in die Sonne locken. Die Sonne ist der entscheidende Faktor beim Fotografieren! Aber ohne Erfolg. Nun, das wird ja nicht das letzte Opossum sein, das wir auf unserer Tour zu sehen bekämen ...

Leider war das ein Irrtum. Es blieb das einzige Opossum, das wir in Australien, *down under*, zu Gesicht bekamen. Vielleicht lag es daran, daß wir nachts kaum »da unten hinten« in Parks und Wäldern herumstreiften ...

Literarische Spaziergänge mit Büchern und Autoren

Das Kundenmagazin der Aufbau Verlagsgruppe
Kostenlos in Ihrer Buchhandlung

Aufbau-Verlag   Rütten & Loening   Aufbau Taschenbuch Verlag   Gustav Kiepenheuer   Der >Audio< Verlag

Oder direkt: Aufbau-Verlag, Postfach 193, 10105 Berlin
www.aufbau-verlag.de

Bernd-Lutz Lange

Dämmerschoppen
Geschichten von drinnen
und draußen

176 Seiten
Band 1386
ISBN 3-7466-1386-8

Für die ARD verteilte Bernd Lutz-Lange gemeinsam mit Gunter Böhnke dreizehnmal »Nachschlag«, für den Mitteldeutschen Rundfunk zelebrierte er »Den Sachsen von Kopf bis Fuß«.

Humorvoll erzählt der Autor und Kabarettist in diesem Buch von seinen Reisen, von Begegnungen mit Jack Lemmon und Walter Matthau, aber auch von scheinbar ganz alltäglichen Begebenheiten. Dank seiner satirischen Begabung findet er immer wieder zu überraschenden Pointen.

Aufbau Taschenbuch Verlag